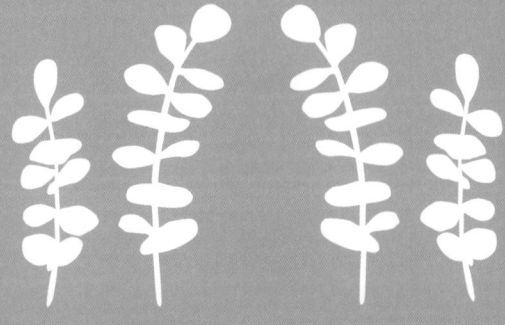

ART & PLAY

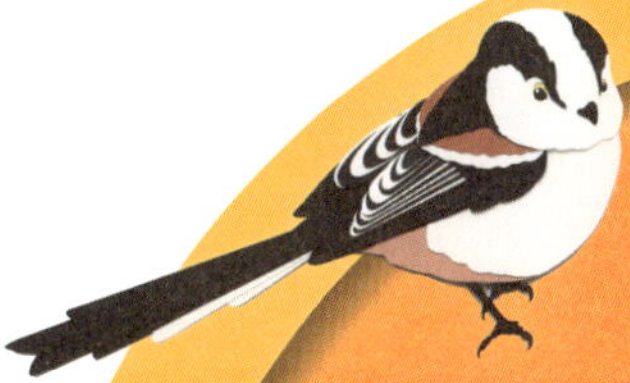

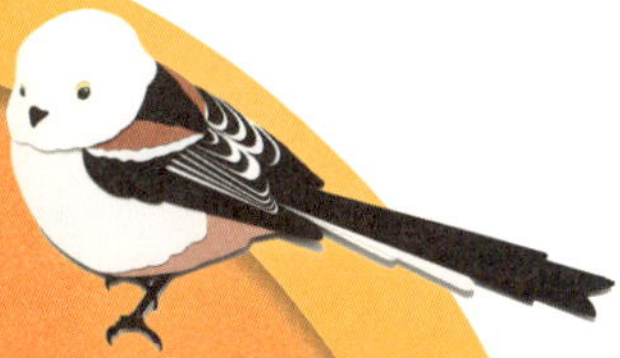

애니멀 페이퍼 아트
만들어 봐요
동물도감

| 이재혁 저 |

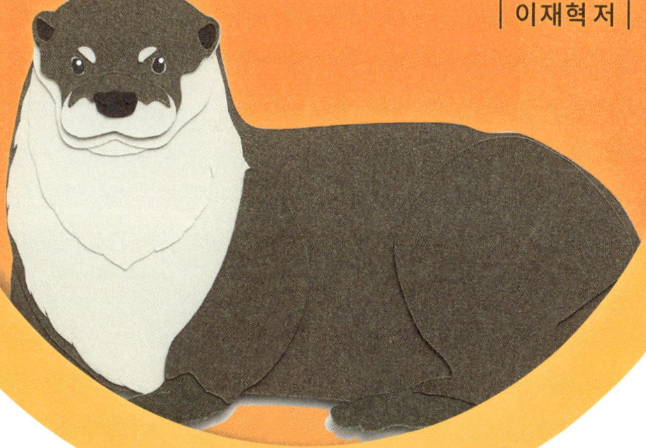

애니멀 페이퍼 아트
만들어 봐요 동물도감

| 만든 사람들 |
기획 실용기획부 | **진행** 윤지선 | **집필** 이재혁 | **편집·표지 디자인** D.J.I books design studio 김진

| 책 내용 문의 |
도서 내용에 대해 궁금한 사항이 있으시면
저자의 홈페이지나 아이생각 홈페이지의 게시판을 통해서 해결하실 수 있습니다.

아이생각 홈페이지 www.ithinkbook.co.kr
아이생각 페이스북 www.facebook.com/ithinkbook
디지털북스 카페 cafe.naver.com/digitalbooks1999
디지털북스 이메일 djibooks@naver.com
저자 이메일 springofcat@naver.com
저자 인스타그램 @springofcat
저자 트위터 @platypupu

| 각종 문의 |
영업관련 dji_digitalbooks@naver.com
기획관련 djibooks@naver.com
전화번호 (02) 447-3157~8

※ 잘못된 책은 구입하신 서점에서 교환해 드립니다.
※ 이 책의 일부 혹은 전체 내용에 대한 무단 복사, 복제, 전재는 저작권법에 저촉됩니다.
※ 디지털북스 가 창립 20주년을 맞아 현대적인 감각의 새로운 로고 DIGITAL BOOKS 를 선보입니다.
　지나온 20년보다 더 나은 앞으로의 20년을 기대합니다.
※ iTHINK 은 DIGITAL BOOKS 의 취미·실용분야 브랜드입니다.

머리말

　우리 주변에는 어떤 동물들이 살고 있을까요? 이 글을 쓰는 동안에도 밥을 재촉하는 우리 집 고양이 두 마리. 창가에서 짖고 있는 이웃집의 푸들. 이 책을 읽고 계신 분들의 집에서 살고 있는 여러 반려동물들. 이제 집밖으로 나가봅니다. 자연과 가까이 사는 분들은 수많은 이웃들을 보고 계시겠죠. 도시에서 살고 계신 분들은 콘크리트 건물들 사이에서 우리만 살고 있는 것처럼 느끼실 겁니다. 하지만 이곳에도 수많은 생명들이 살고 있어요. 만들어 봐요 동물도감에 수록된 친구들은 모두 도시에서도 볼 수 있는 생명들이에요. 도시는 우리가 상상하는 것보다 훨씬 생동감 있고, 수많은 생명으로 넘쳐나는 곳입니다. 단순히 동물의 생태를 보고 읽기만 하는 것이 아닌 하나하나 자신의 손으로 만들어 보며 우리가 그냥 지나치던 공원에서, 강가에서, 길 위에서 살아가는 이웃들을 다시 떠올려보는 시간이 되었으면 해요.

페이퍼 아티스트

이재혁

CONTENTS

페이퍼 아트란? / 8
작업도구의 선택 / 10
종이란 무엇일까? / 15
만들어 봐요 동물도감을 읽는 독자들을 위한 행동지침서 / 17
작품 화보 / 18

PART 1 포유류

족제비 / 25
수달 / 31
청설모 / 37
다람쥐 / 43
산양 / 51
고라니 / 57
너구리 / 63

PART 2 양서파충류

청개구리 / 73
붉은귀거북 / 79

PART 3 곤충

배추흰나비 / 87
노랑나비 / 93
큰멋쟁이나비 / 99
네발나비 / 105
호랑나비 / 111
산호랑나비 / 117
넓적사슴벌레 / 123

PART 4
조류

곤줄박이 / 131
딱새 / 139
동고비 / 147
왜가리 / 155
박새 / 163
까치 / 171

비둘기 / 179
오목눈이 / 187
흰머리오목눈이 / 195
유리딱새 / 203
동박새 / 211
참새 / 219

BONUS
반려동물

개 / 229
고양이 / 233
앵무새 / 237
토끼 / 241
햄스터 / 245

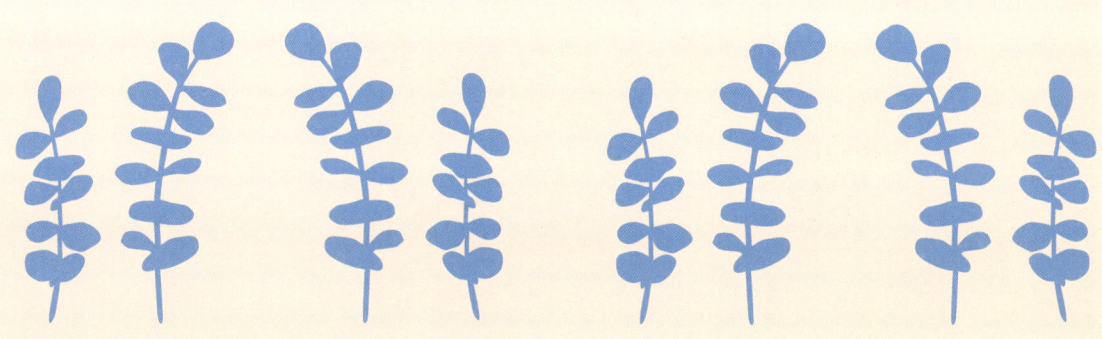

페이퍼 아트란 ?

종이를 주재료로 사용하는 공예, 회화, 조각을 두루 아우르는 예술 영역을 말합니다. 평면의 종이를 쌓아 입체감을 만들기도 하고 종이 자체를 잘라내 그림을 그려내기도 합니다. 크게 페이퍼 레이어드, 페이퍼 커팅, 페이퍼 스컬쳐로 나누어집니다. 하지만 세 가지 기법은 서로 상호보완적으로 교차하며 작업이 이루어집니다. 레이어드라고 해서 커팅을 안하는 것이 아니며 페이퍼 커팅도 여러 개의 커팅 작업을 레이어드하여 표현하기도 합니다.

페이퍼 레이어드

평면의 종이를 여러 겹 쌓아 올려 입체감을 만듭니다. 종이 사이에 보충제를 넣어 입체감을 극대화시키기도 합니다.

페이퍼 스컬쳐

종이 조각이라고도 합니다. 종이로 입체적인 작품을 만듭니다. 종이로 만들지만 매우 견고하며 크기에 비해 매우 가볍다는 특징이 있습니다.

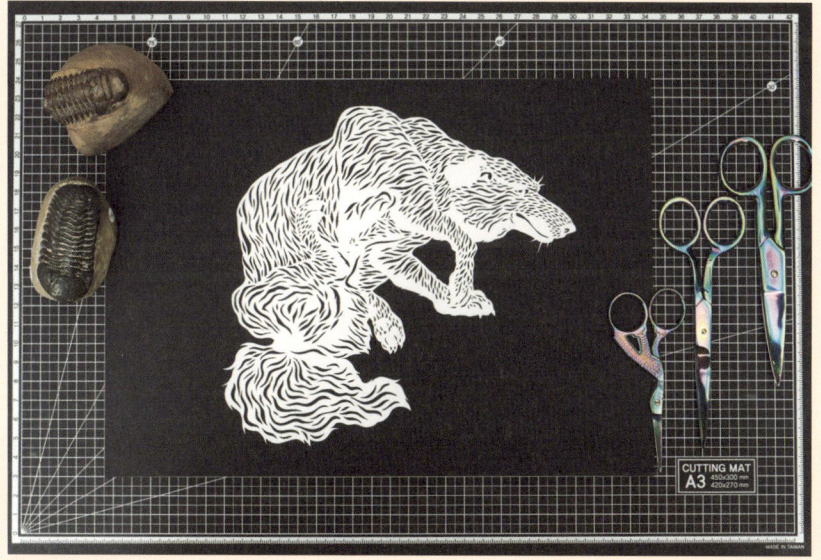

페이퍼 커팅

종이를 자르는 방식 자체가 표현 방법입니다. 자르고 남은 종이로 형상을 표현 하기도 하고 종이가 잘리고 남은 공간으로 형상을 표현하기도 합니다.

작업도구의 선택

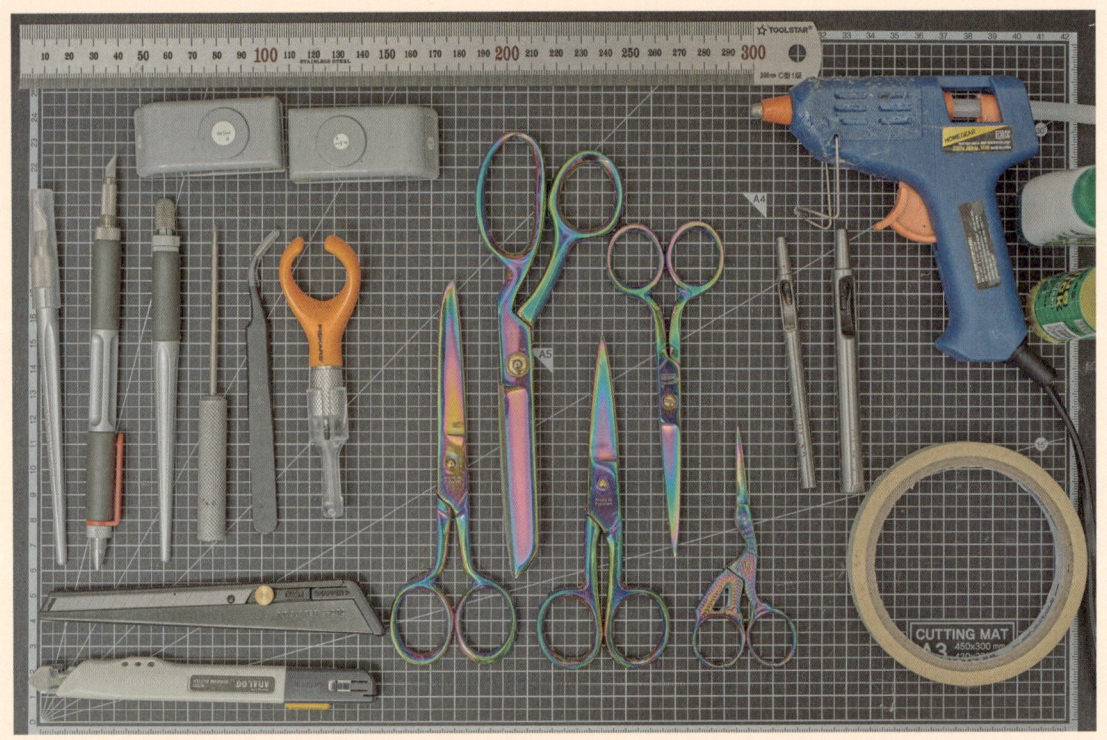

페이퍼 아트를 시작하기에 앞서 가장 고민되는 것 중 하나가 바로 어떤 도구를 사용해야 하는 것인가, 입니다. 집에 굴러다니는 천 원짜리 커터칼도 괜찮은 건가? 그냥 문방구에서 파는 아무 가위나 사용하면 되는 건가? 페이퍼 아트 작업도구는 크게 종이를 절삭하는 도구와 접착하는 도구, 작업자를 보조해주는 도구로 나눌 수 있습니다. 수많은 도구들이 존재하지만 그중 가장 대표적인 도구인 아트나이프, 커터칼, 가위, 원형 커팅 도구, 접착 도구, 커팅매트에 대해 알아보겠습니다. 이 외에도 레이저커팅기나 종이커팅기도 존재하지만 책에서는 다루지 않겠습니다.

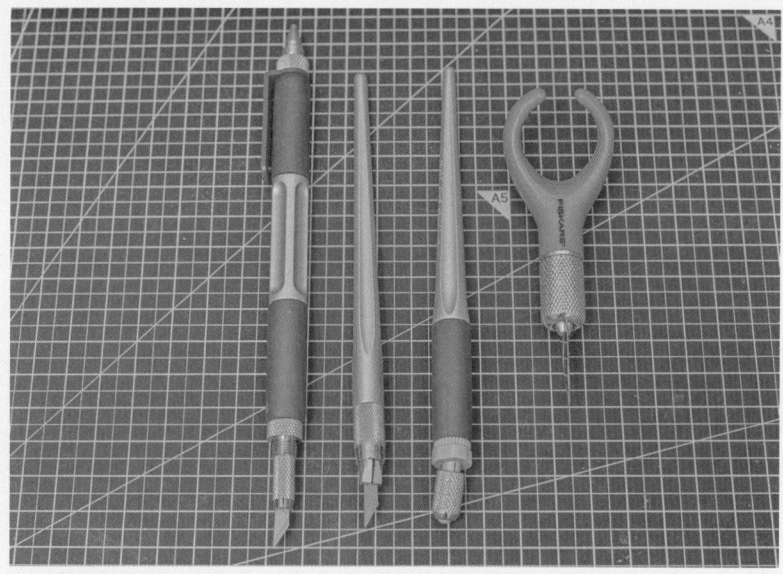

아트나이프

아트나이프는 날 자체는 일반 커터칼과 같지만 칼날을 펜 형태의 보조기구에 끼워 좀 더 정교하게 사용할 수 있게 돕는 도구입니다. 펜처럼 쥐고 사용할 수 있다 보니 익숙해지면 절삭 도구들 중에서 가장 예리하게 사용할 수 있다는 장점이 있습니다.

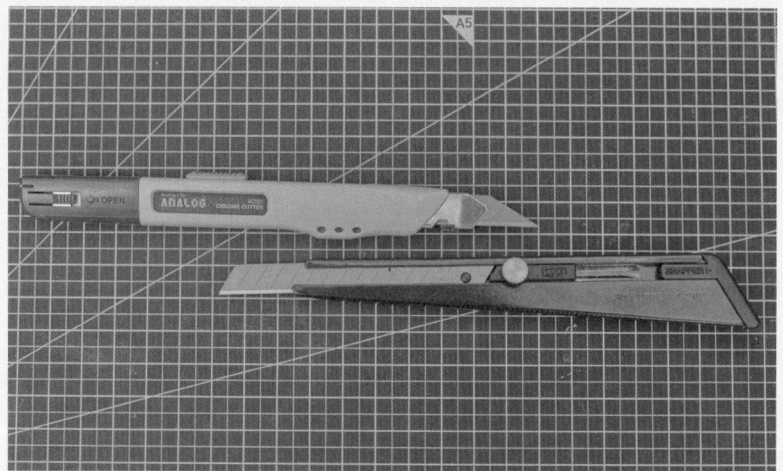

커터칼

커터칼은 사용하는 칼날의 각도로 구분합니다. 위는 30도 날, 아래는 45도 날입니다. 날 자체는 교체가 가능하기 때문에 둘 다 사용해 보시고 손에 맞는 각도의 날을 사용하시는 게 좋습니다. 아트나이프보다 저렴하고 칼날의 유지보수가 편하다는 장점이 있습니다.

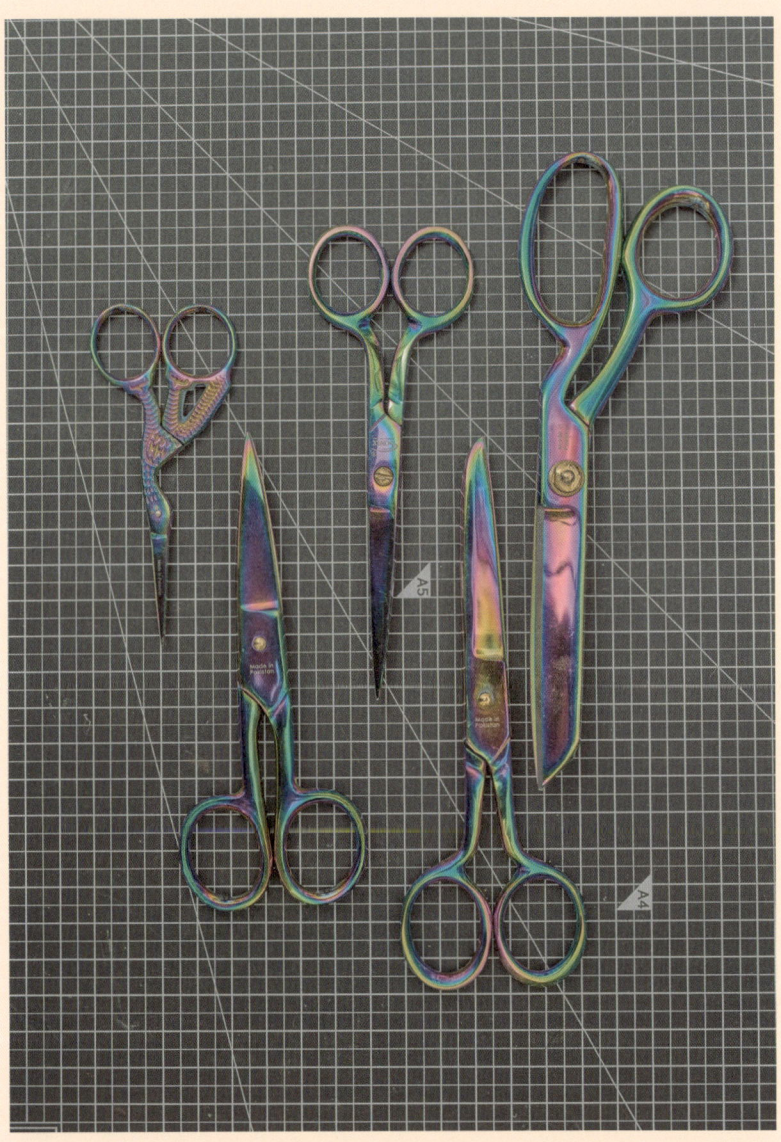

가위

가위는 칼보다 안전하고 다루기 쉽다는 장점이 있습니다. 하지만 한 번에 자를 수 있는 길이가 한정적이며 자르는 조각이 작아질수록 사용이 힘들다는 단점도 있습니다. 공예용 가위들은 용도에 맞게 크기가 세분화되어 나오기 때문에 여러 크기의 가위를 구비하고 용도에 맞게 나누어 사용하시는 것이 좋습니다. 요즘은 불소나 티타늄이 코팅된 특수 가위들도 나오고 있지만, 가위 자체는 소모품이기 때문에 내부의 오링이 끊어지거나 날이 상하면 주기적으로 교체해주시는 게 좋습니다. 대형 재단가위들의 경우 날을 갈아서 사용하기도 하지만 작은 공예용 가위들은 코팅이 벗겨지면 절삭력이 그만큼 떨어지니 미련 없이 교체해주세요.

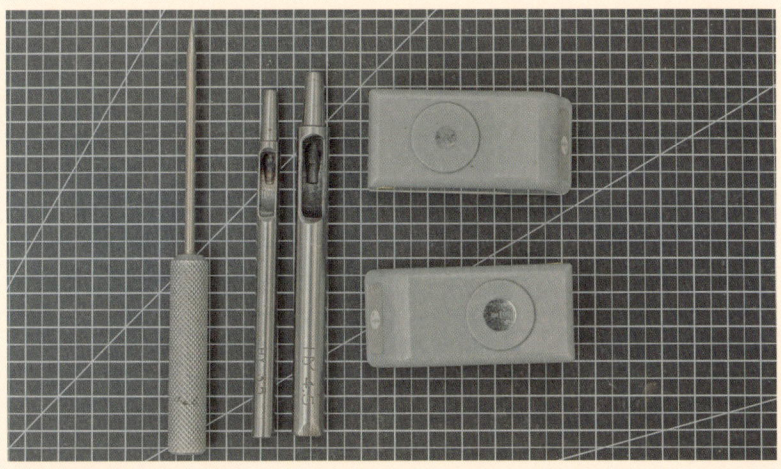

원형 커팅 도구

깨끗하면서도 작은 원을 자르는 건 매우 까다로운 일입니다. 그래서 주로 원형 커팅 도구를 이용합니다. 일반적으로 펀치 형태로 되어 있으며 지름이 매우 세분화되어 나옵니다. 가죽펀칭기의 경우 펜 모양으로 되어 있으며 고무망치로 두드려 사용합니다.

접착 도구

풀은 고체형이 사용하기 편하지만 접착력이 제일 떨어집니다. 테이프는 어린아이들도 쉽게 사용할 수 있지만 깔끔한 마무리가 힘듭니다. 목공본드는 접착력이 우수하지만 액체형으로 다루기가 힘들고 완전 건조까지 시간이 오래 걸립니다. 글루건은 접착력이 우수하고 다루기 쉬우며 매우 빨리 건조됩니다. 하지만 세밀한 접착이 힘들며 녹이는 방식이 위험합니다. 본인의 상황에 알맞은 것을 골라 쓰시면 좋습니다.

커팅매트

작업을 할 때는 항상 평평한 바닥이 필요합니다. 일반 책상은 커팅 시 손상이 심하니, PVC재질의 커팅매트를 밑에 깔아 사용합니다. 일반 고무나 우레탄 재질의 매트가 아닌, 커팅 전용 매트들을 사용하는 것이 좋습니다. 커팅 전용 매트들은 사진처럼 격자를 통해 스케일을 볼 수도 있으며 흠집을 조금이지만 스스로 복원하기 때문에 사용기간이 늘어납니다.

마지막으로 가장 중요한 준비물은 안전입니다.
아트나이프나 커터칼이나 날이 워낙 작다보니 사람들이 그 위험성을 잘 잊어버립니다. 이 도구들은 날이 워낙 예리해 적은 힘으로도 쉽게 잘리는 특성이 있어 생각보다 깊이 상처가 나는 경우가 많습니다. 사용할 때는 항상 안전에 신경 써야 합니다. 칼이나 가위가 향하는 곳에는 항상 신체가 있지 않도록 주의하고 본드류는 피부에 닿는 즉시 씻어내도록 합니다.

종이란 무엇일까?

종이는 식물의 섬유를 물에 풀고 평평하고 얇게 서로 엉기도록 하여 물을 빼고 말리거나, 동물의 가죽을 얇게 가공하여 만든 것을 의미합니다. 그 시작은 중국이었는데요, 당시 왕실에서 업무를 볼 때 주로 비단에 글을 쓰다 보니 막대한 지출이 발생했고 이를 막기 위해 처음 사용되기 시작했습니다. 이때부터 목재에서 나오는 펄프를 사용하기 시작했고 지금의 종이들도 대부분 목재의 펄프를 이용해 만듭니다. 우리나라의 한지 역시 같은 원리입니다. 서양에서는 이집트시대 파피루스를 엮어 만든 파피루스종이를 종이의 시초로 보고 있습니다. 파피루스종이는 지금도 구매가 가능합니다.

목재의 펄프를 어떻게 가공하느냐에 따라 종이는 천차만별의 질감을 가지게 됩니다. 우리가 흔히 접하는 사무실이나 교실에서 사용하는 매끈한 A4용지. 학교에서 주로 사용하는 회색의 재생지. 오돌토돌한 질감을 지니는 고급 수채화용지. 마치 비닐이나 가죽 같은 질감의 종이도 만들어지고 있습니다. 같은 색상이라도 종이의 종류에 따라 미묘한 색상의 차이가 발생하며 재질에 따라 잉크젯인쇄가 불가능하거나 아예 인쇄가 안 되기도 합니다. 페이퍼 아트는 기본적으로 종이를 주 재료로 사용하기 때문에 어떤 질감, 색깔, 두께감을 지닌 종이를 사용할지가 가장 중요한 요소입니다.

평량

평량은 종이의 무게를 의미합니다. 1m x 1m 크기의 종이의 중량을 g/m^2 이라고 하고 줄여서 g라고 표기합니다. 평량은 종이가 작아진다 해서 줄어드는 것이 아니고 1m x 1m 때의 평량을 그대로 따릅니다.

평량은 종종 종이의 두께라고 오인받곤 합니다. 하지만 종이의 재료에 따라 무게가 달라지므로 평량이 무겁다 하여 무조건 종이가 두꺼운 것은 아닙니다. 일반적으로 사무실에서 사용하는 A4 용지의 평량은 70-80g 정도이고 수채화에 사용되는 도화지는 178-200g, 디자인 용지들은 116g-120g, 두꺼운 디자인 용지는 178-300g입니다.

재료와 도구 모두 준비가 되었습니다. 이제 독자는 강해졌습니다.

만들어 봐요 동물도감을 읽는 독자들을 위한 행동지침서

1. 도안을 자르기 전에 반드시 도감과 도안 뒷면의 짧은 글귀를 먼저 읽어 봅니다. 글귀는 도안과 함께 잘려나가므로 없어지면 아쉽습니다.

2. 도안을 자를 때는 반드시 안쪽의 작은 조각부터 잘라줍니다. 도안을 밖에서부터 자르거나 큰 구멍부터 자르면 안쪽의 작은 구멍을 자르기 어려워집니다.

3. 접착제는 항상 위에 붙여야 하는 조각의 뒷면에 발라줍니다. 접착제는 너무 많이 바르지 않게 주의합니다.

4. 작업을 하기 전에는 경건한 마음가짐을 가지고 책상을 깨끗하게 치우고 고양이를 바닥에 내려둡니다. 이제 책을 펼치고 책상 위에 올라온 고양이를 다시 내려둡니다. 마지막으로 필요한 재료를 모두 준비한 뒤 책상 위에 올라온 고양이를 내려둡니다.

5. 유혈사태에 항상 대비합니다. 칼을 사용하기 때문에 항상 조심해야 합니다. 미성년자분들은 반드시 어른과 함께 조립합니다. 어른 보호자는 재밌다고 어린이들 종이를 뺏지 않도록 합니다.

6. 책이 손상되는 것이 염려되는 분들은 도안 위에 트레이싱지를 올려 투명하게 비친 도안을 그대로 따라 그린 후 컬러에 맞는 종이 위로 가져갑니다. 종이 위에서 도안을 다시 강하게 눌러 그리면 뒷면 종이에 자국이 남습니다. 이제 이걸 따라 자른 후 조립하면 됩니다.

7. 작업하기 전에 손에 아무것도 바르지 마세요. 종이에 기름 성분이 묻게 됩니다. 항상 손씻기를 잊지 맙시다.

8. 책 속에 등장하는 동물들은 모두 실제로 존재하는 동물들입니다. 뿔 달린 말이나 날개 달린 사자도 존재하는 걸요.

작품 화보

흰비둘기와 아네모네

동박새와 동백

흰머리 오목눈이와 호랑가시

| 다람쥐와 아네모네 | 청설모 |

| 넓적사슴벌레와 호랑나비 세트 |

생태계

| 동고비 | 동박새 |

| 까치 |

22

앵무	
개	고양이

PART_1
포유류

족제비

식육목 족제빗과 · 몸길이 25-40cm · 육식성

도심에서 족제비를 만날 수 있다는 걸 사람들은 잘 알지 못합니다. 심지어 서울에서도 족제비는 잘 살아갑니다. 특히 작은 산이나 숲을 끼고 있는 동네라면 한밤중 골목 사이사이를 누비는 족제비를 어렵지 않게 만나볼 수 있어요. 날쌔고, 똑똑하며 사냥 실력이 좋은 족제비들은 도시에서도 잘 적응할 수 있습니다. 이들 덕분에 우리는 좁은 골목이나 하수구에서 튀어나오는 쥐들의 습격을 덜 받으며 지낼 수가 있습니다.

조립 방법

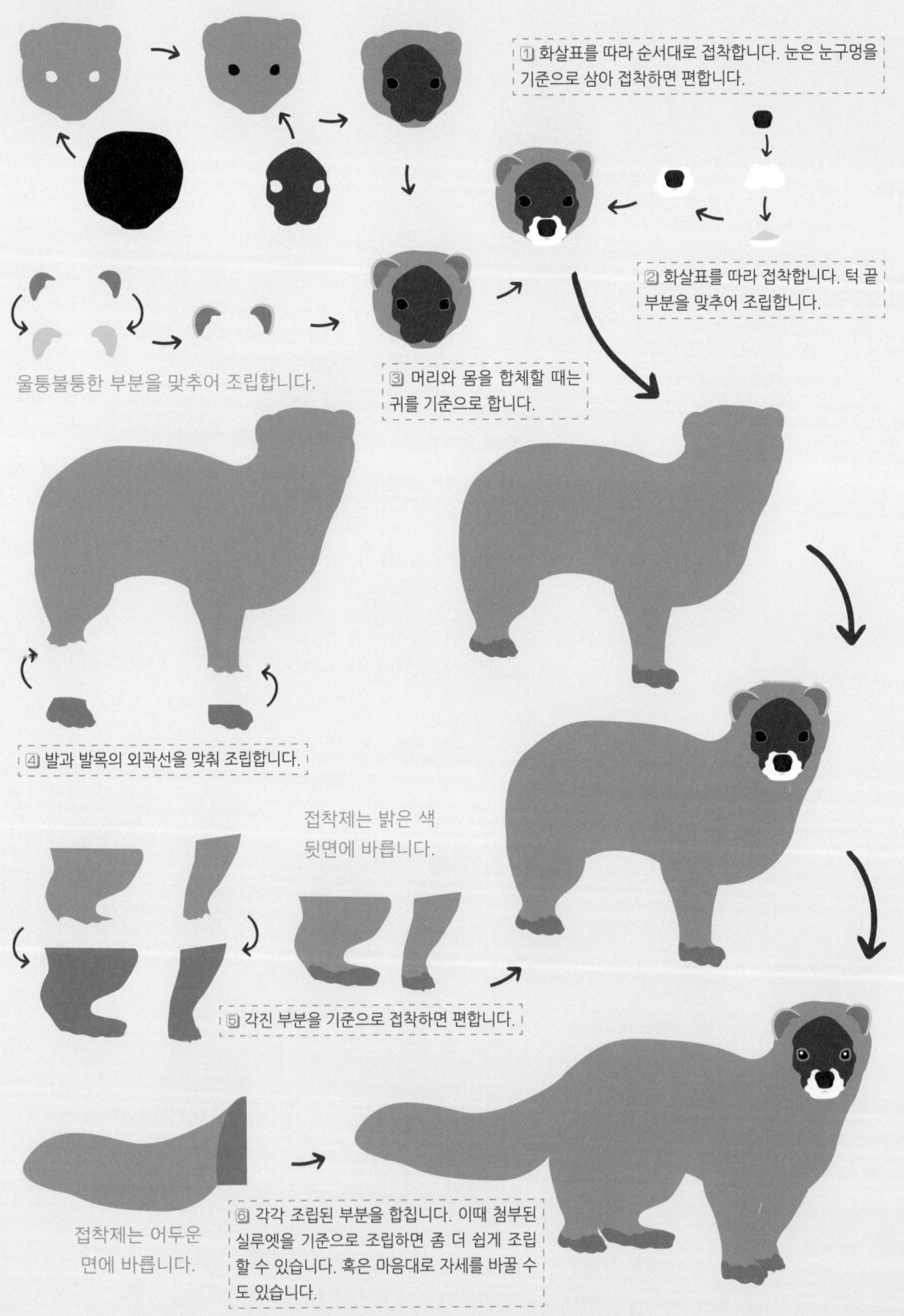

① 화살표를 따라 순서대로 접착합니다. 눈은 눈구멍을 기준으로 삼아 접착하면 편합니다.

② 화살표를 따라 접착합니다. 턱 끝 부분을 맞추어 조립합니다.

울퉁불퉁한 부분을 맞추어 조립합니다.

③ 머리와 몸을 합체할 때는 귀를 기준으로 합니다.

④ 발과 발목의 외곽선을 맞춰 조립합니다.

접착제는 밝은 색 뒷면에 바릅니다.

⑤ 각진 부분을 기준으로 접착하면 편합니다.

접착제는 어두운 면에 바릅니다.

⑥ 각각 조립된 부분을 합칩니다. 이때 첨부된 실루엣을 기준으로 조립하면 좀 더 쉽게 조립할 수 있습니다. 혹은 마음대로 자세를 바꿀 수도 있습니다.

도안

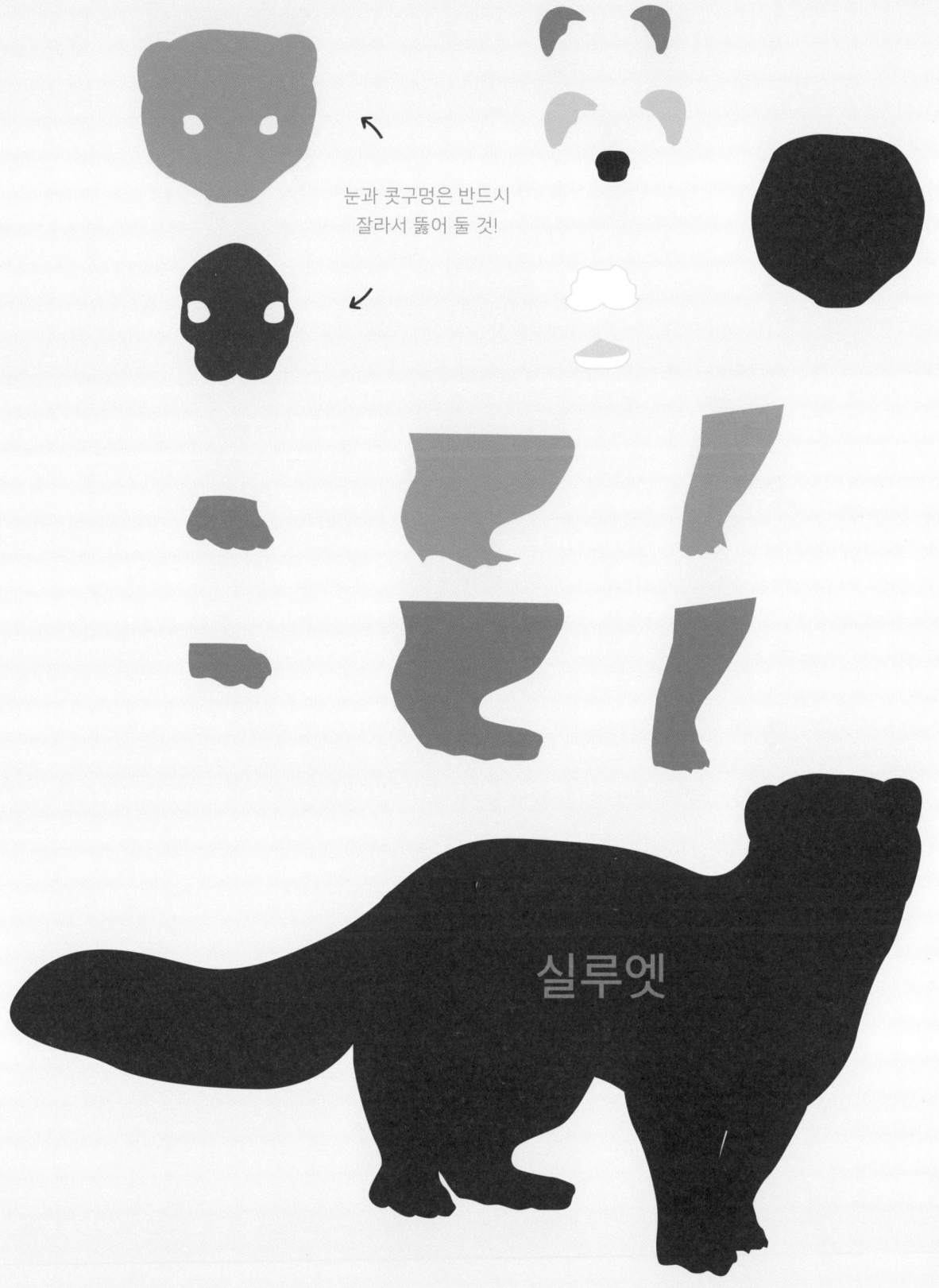

눈과 콧구멍은 반드시 잘라서 뚫어 둘 것!

실루엣

우리나라에는 두 종의 족제비가 삽니다.
시베리아족제비와 쇠족제비.

우리가 흔하게 만나는 족제비가
바로 시베리아족제비입니다.

쇠족제비는 만나기 쉽지 않지만
한겨울에는 완전 하얀색으로 변하는
귀염둥이입니다.

접착제 바르는 부분.

귀여운 외모와 달리 족제비는
무시무시한 맹수입니다.

쓰다듬고 싶다는 욕구를 참지 못하면
손가락이 사라질 수도 있습니다.

수달

식육목 족제빗과 · 몸길이 57-70cm · 육식성

한강에 수달이 돌아왔습니다. 44년만의 일입니다. 전국에서 볼 수 있었던 수달은 수질오염과 모피를 노린 남획으로 인해 그 수가 크게 줄어 현재는 천연기념물 제 330호이자 멸종위기 야생생물 Ⅰ급으로 보호받고 있습니다. 강가의 바위틈이나 버려진 굴에서 생활하며 물고기를 밤에 주로 사냥하고, 6월에 1-5마리 정도의 새끼를 낳아 기릅니다. 우리나라 하천의 최상위 포식자이며 물을 벗어나서는 살 수 없기 때문에 하천이 얼마나 건강한지 보여주는 최상의 척도이며 핵심 종입니다.

도안

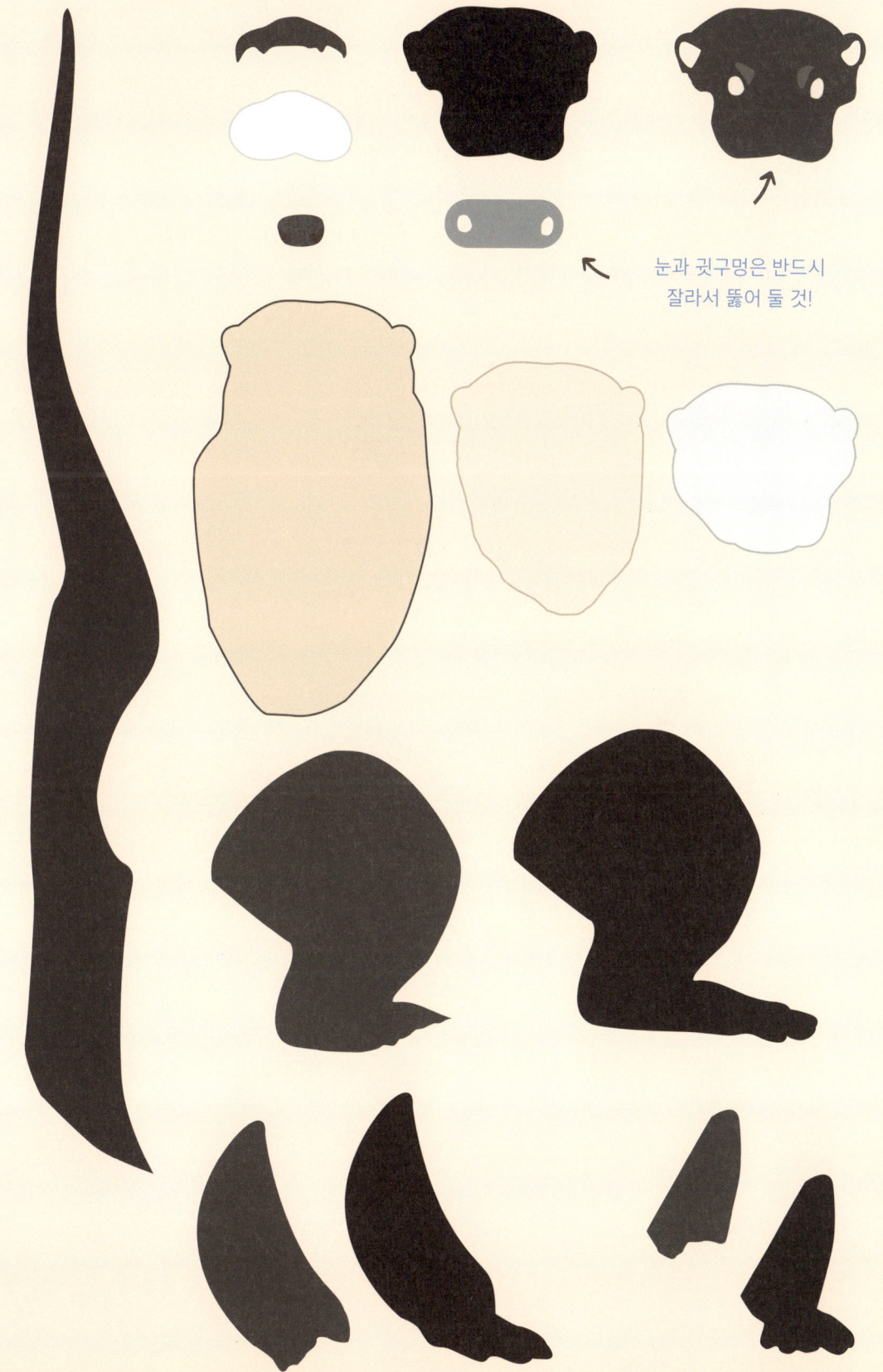

눈과 귓구멍은 반드시
잘라서 뚫어 둘 것!

얼핏 수달의 개체 수가 많아진 것처럼
보이지만 이는 일종의 착각입니다.
행동반경이 넓고 호기심이 많아
사람이나 낯선 물체에도 쉽게 다가와서
눈에 잘 띌 뿐이지요.
여전히 수달은 멸종위기 동물입니다.

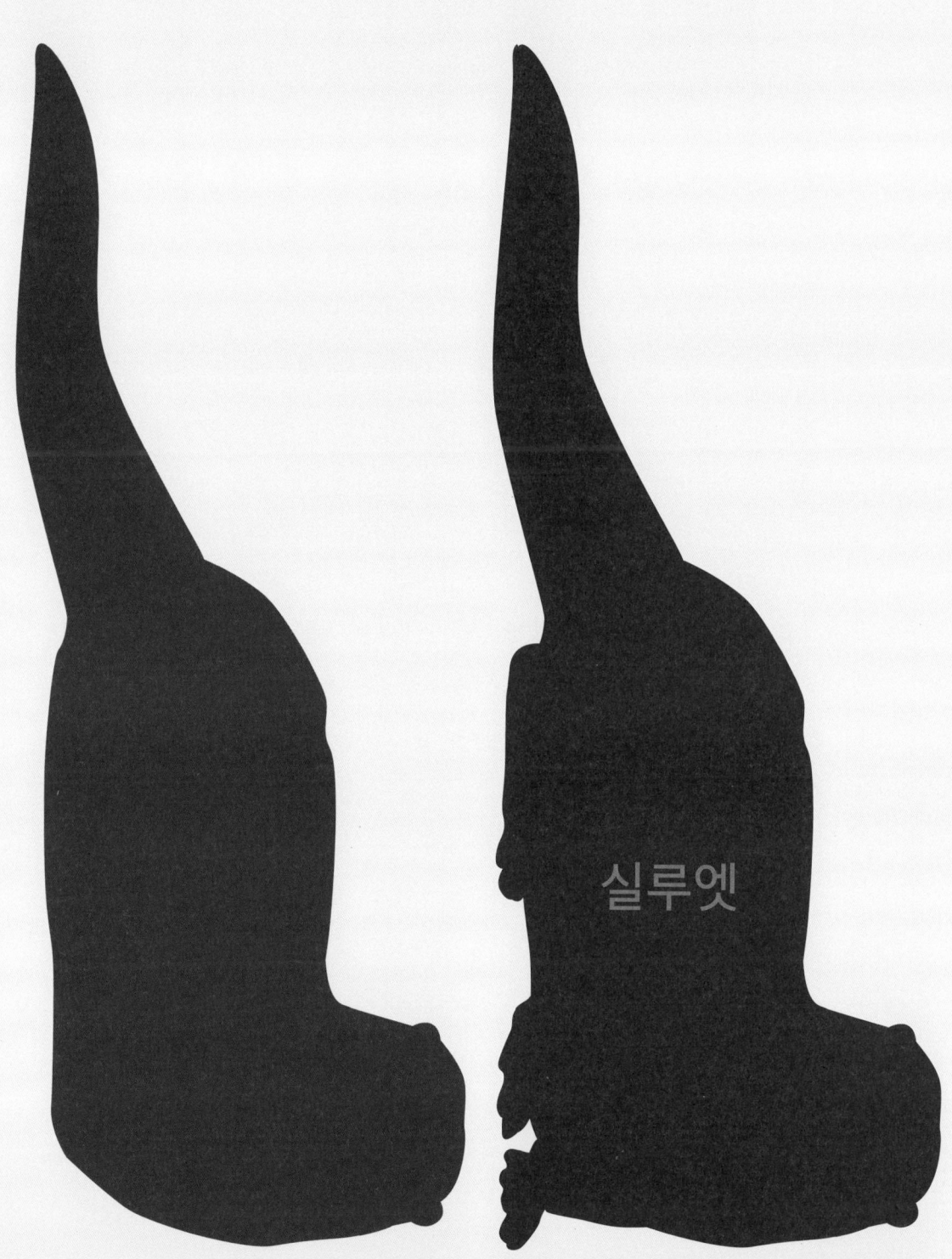

바다에서도 수달을 볼 수 있습니다.
바닷가에 사는 수달들은
바다에서도 곧잘 먹이를 사냥합니다.
우리나라에는 해달이 없습니다.

청설모

쥐목 다람쥐과 · 몸길이 20-25cm · 초식성

주로 저지대를 선호하는 청설모들은 다람쥐보다 침엽수림이 잘 조성된 도시공원에서 잘 살아가기 때문에 생각보다 쉽게 만날 수 있습니다. 주로 땅보다는 나무 위에서 생활하며, 떨어진 열매를 줍기보다는 직접 열매를 따서 먹는 것을 선호합니다. 잣과 같은 견과류를 매우 좋아해서, 잣농사 짓는 농부들과 사이가 매우 안 좋습니다. 까치집같이 생긴 집을 나무 위에 짓고 새끼를 기릅니다. 조선시대에는 고급 붓의 재료로 청설모의 털을 사용하기도 했습니다.

조립 방법

도안

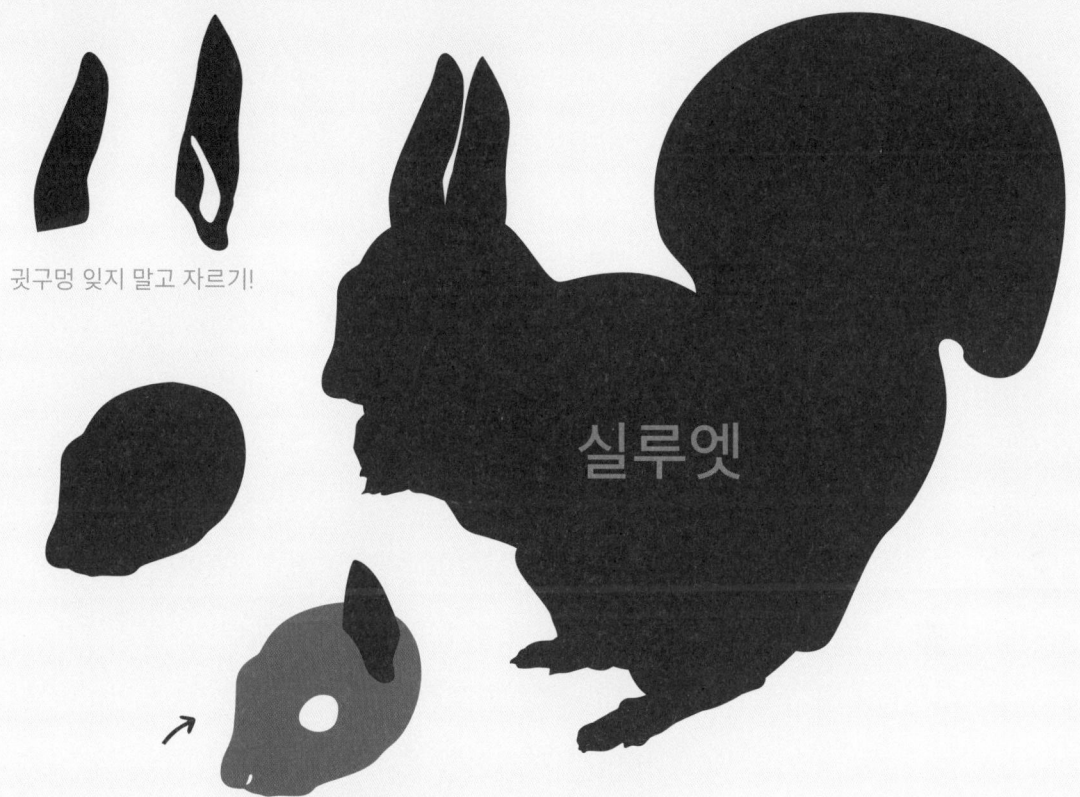

귓구멍 잊지 말고 자르기!

눈과 콧구멍은 반드시
잘라서 뚫어 둘 것!

한때 외래종이라든가
다람쥐를 잡아먹는다든가
하는 잘못된 정보로
미운털이 박힌 적이 있습니다.

사실은 둘 다 틀린 정보인데,
청설모는 국내토종이며
다람쥐를 잡아먹지 않습니다.

한국 사람은 3번의 기회를 줍니다.
털 연습을 위해 꼬리를 3개 준비하였습니다.

스쿼럴(squirrel)은
사실 청설모를 뜻하는 단어입니다.

다람쥐는
칩멍크(chipmunk)라고 부릅니다.

다람쥐

쥐목 다람쥐과 · 몸길이 15-16cm · 초식성

울창한 숲이나 산을 선호하는 다람쥐지만 도시공원이 발달하면서 도시에서도 은근 쉽게 만나 볼 수 있습니다. 특히 산을 낀 대학 캠퍼스나 놀이공원에서 더 자주 목격할 수 있습니다. 경계심이 많은 편이지만 친해지면 사람에게도 곧잘 다가옵니다. 주로 견과류나 나무열매를 섭취하며 곤충이나 개구리를 잡아먹기도 합니다. 굴을 파고 생활하는데 굴 안에는 먹이저장고나 화장실을 따로 마련해 두고, 굴 안에서 4-5마리 정도의 새끼를 기릅니다. 겨울에는 겨울잠을 잡니다.

조립 방법

① 화살표를 따라 순서대로 접착합니다. 등의 아웃라인을 맞추어 접착합니다.

손은 최대한 공손한 모양으로 만듭니다.

② 반대쪽 손을 접착하기 전에 도토리를 먼저 접착해줍니다.

③ 흰색 무늬는 머리를 맞추어 접착합니다. 검은 색 무늬는 순서만 맞추어 접착해도 됩니다.

칼집을 내 주면 털 느낌이 납니다.

④ 꼬리 끝부분의 네모난 면을 기준으로 접착합니다.

⑤ 화살표를 따라 접착합니다. 눈구멍과 귀의 외관선을 기준으로 조립합니다.

⑥ 각각 조립된 부분을 합칩니다. 이때 첨부된 실루엣을 기준으로 조립하면 좀 더 쉽게 조립할 수 있습니다. 혹은 마음대로 자세를 바꿀 수도 있습니다.

도안

눈구멍을 잘라야 합니다.

남는 도토리는 청설모를 줍시다.

프랑스에서 다람쥐는
천덕꾸러기입니다.

원래 유럽에는 다람쥐가 없었는데
애완용으로 수출된 K-다람쥐가
그만 유럽에 정착하고 말았죠.

다람쥐 역시 설치류이다 보니
쥐가 옮기는 질병을 동일하게 옮기기 때문에
매우 골치 아픈 상황입니다.

칼집을 낼 때는 가위가 편합니다.
말장난 같지만 진짜입니다.
천천히 마음을 비우고 칼집을 넣어야 합니다.

털 연습을 위해
꼬리를 3개 준비하였습니다.

다람쥐는 꼬리가 매우 약합니다.
그래서 갑작스럽게
잡아당기면 끊어질 수 있습니다.

산양

우제목 소과 · 몸길이 105-310cm · 초식성

산양은 원시적인 소과동물의 모습을 그대로 간직한 상태로 살고 있습니다. 험준한 산악지대를 선호하며 무분별한 밀렵과 서식지의 파괴로 그 수가 크게 줄어 천연기념물 제217호 및 환경부 지정 멸종위기 야생생물 Ⅰ급으로 지정되어 있습니다. 그런데 서울 도심에 산양이 웬 말이냐 싶겠지만 몇 년 전부터 서울에 산양이 살기 시작했습니다. 도대체 어디서 온 건지는 알 수 없지만 서울 용마산과 아차산에 삽니다.

조립 방법

도안

눈썹 무늬와 귓구멍 모두 뚫려 있어야 합니다.

서울 산양의 DNA 검사 결과
암수 한 쌍이 살고 있는 것으로
나왔지만 모습을 보이는 건 수컷뿐입니다.

최근에는 아차산으로 자리를 옮겼습니다.
전 세계적으로 산양은 4종이 존재하는데
이렇게 도심 한가운데 서식하는 경우는
서울이 유일합니다.

실루엣

산양은 한 자리에 똥을 누는 습성이 있습니다.
하루 최대 1,000여 개의
검은콩 같은 똥 무더기를 생산합니다.

고라니

우제목 사슴과 · 몸길이 77-100cm · 초식성

한여름의 강변 자전거 라이딩, 혹은 한여름 밤 한강에서 낭만을 즐기던 사람들이라면 숲속에서 들려오는 괴상한 울부짖음을 한번 쯤 들어본 적이 있을 것입니다. 바로 고라니의 울음소리이죠. 물을 좋아하는 고라니는 한강 하류 수변공원에서 특히 자주 만나볼 수 있습니다. 하지만 이렇게 불쑥불쑥 나타나는 고라니는 놀랍게도 세계적인 멸종위기종입니다. 그 등급이 치타나 사자, 기린, 표범과 같은 수준이고, 전 세계 고라니의 90%가 한국에 있습니다.

조립 방법

① 화살표를 따라 순서대로 접착합니다. 검은색 다리는 밝은색 다리 뒷면에 접착합니다.

접착제는 위로 올라가는 조각 뒷면에 바릅니다.

접착제는 밝은 다리 뒷면에 바릅니다.

② 화살표를 따라 다리들을 조립합니다.

③ 머리와 다리를 합체일 때는 실루엣을 기준으로 접착합니다.

긴 엄니는 수컷고라니만 있어요. 암컷고라니를 만들고 싶다면 엄니를 조립하지 않으면 됩니다.

한 쌍의 고라니를 만들고 싶다면 **책을 한 권 더** 준비해 봅시다.

접착제는 위로 올라가는 조각 뒷면에 바릅니다.

④ 화살표를 따라 조립합니다. 눈구멍을 기준으로 삼아 조립하면 수월합니다.

⑤ 각각 조립된 부분을 합칩니다. 이때 첨부된 실루엣을 기준으로 조립하면 좀 더 쉽게 조립할 수 있습니다. 혹은 마음대로 자세를 바꿀 수도 있습니다.

도안

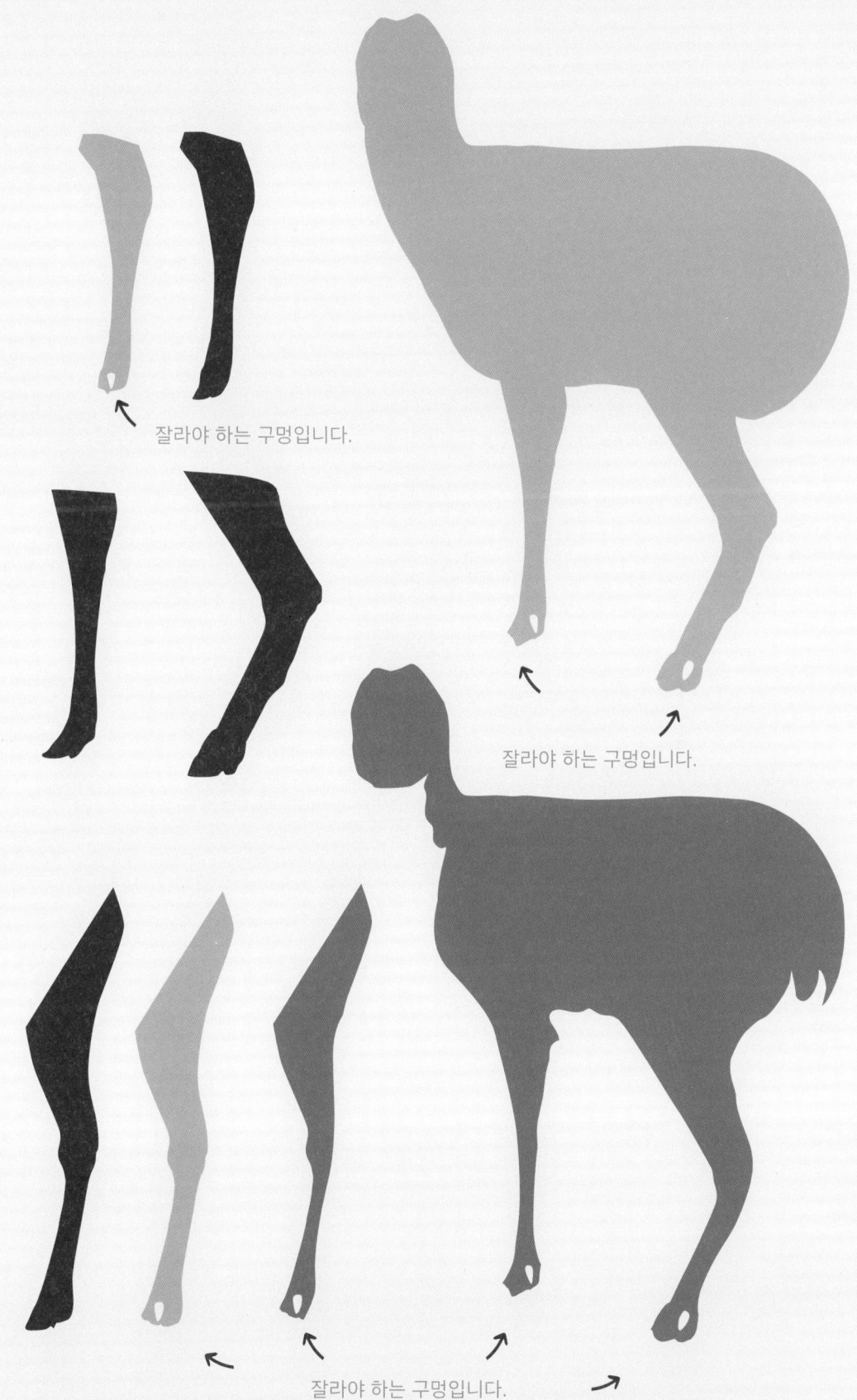

외국인들 눈에는 고라니가 꽤 귀여운 모양이에요.
거기에 호주에만 있는 캥거루와
거의 한국에만 있는 고라니를 비교하곤 합니다.
코리아캥거루 고라니!

실루엣

눈구멍과 귓구멍을 잘라야 합니다.

엄니는 수컷용.

눈구멍을 잘라야 합니다.
눈 밑의 무늬는 자르는 거 아니에요!

한국의 고라니는 개체수를 조절해줄
상위포식자가 없어서 그 숫자가 크게 늘어났지요.
그래서 인위적으로 개체수 조절을 하고 있는데
우린 몇 마리의 고라니를 남겨두어야 하는지 알지 못하는
상태에서 단순히 숫자를 줄이는 것만 집중하고 있어요.
무분별한 개체수 조절은 고라니를 질병이나
급격한 환경변화에 취약하게 만들어
한순간에 사라지게 만들 수도 있지요.

수렵과 밀렵, 로드킬 등으로 한해
20만 마리 이상의 고라니가 죽는다고 해요.
우리 주변에 흔하다고 해서 반드시
그 존재가 사라지지 않는 건 아니에요.
우린 고라니와 공존하기 위해
조금 더 공부가 필요하답니다.

너구리

식육목 개과 · 몸길이 50-68cm · 육식성

창경궁의 비원은 자연을 사랑한 옛 선조들의 풍류를 잘 느낄 수 있게 해주는 공간입니다. 이곳, 도시 한가운데 자리 잡은 비원에는 너구리 가족이 살고 있습니다. 개과동물 특유의 적응력으로 너구리는 점점 도시 생활에 적응하는 것 같습니다. 다리가 짧아 행동이 민첩한 편은 아니지만 먹이 적응력이 매우 뛰어나기에 가능한 일이죠. 언제 또 먹이를 얻을 수 있을지 모르는 삶을 사느라 한번에 많은 양의 먹이를 먹어두기 위해 식탐이 강한 편입니다.

조립 방법

도안

눈구멍과 귓구멍을 잘 뚫어야 합니다.

라쿤과 너구리는 엄연히 다른 동물입니다.
라쿤은 미국너구리과의 동물이고
너구리는 개과동물이죠.

미국사람들은 너구리를
라쿤도그라고 부릅니다.

귀여운 외모에 한번 쓰다듬어 보고 싶게 생겼지만
너구리는 대표적인 광견병 보균동물입니다.
그렇지 않더라도 야생동물은 만지는 게 아닙니다.

실루엣

너구리는 작가의 별명 중 하나입니다.

PART_2
양서파충류

청개구리

무미목 청개구리과 · 몸길이 3-5cm · 곤충

트리프로그(tree frog)라는 영어 이름답게 청개구리는 많은 시간을 나무 위에서 보냅니다. 8월까지는 흐리거나 비가 오는 날에 산이나 숲, 공원에서 울음소리가 울려 퍼지고, 4월이 번식기로 주로 논이나 연못에서 밤새도록 웁니다. 발가락의 빨판으로 유리나 수직벽도 오를 수 있습니다. 가을에는 몸에 반점이 나타나거나 회색으로 변하기도 하고, 이후엔 겨울잠을 잡니다. 피부에는 아주 약하지만 독성이 있습니다.

조립 방법

도안

반드시 구멍을 잘라야 합니다.

반드시 구멍을 잘라야 합니다.

수원청개구리는
경기도 일부와 수원에 서식하는
우리나라 고유종으로
멸종위기 야생생물 I급으로
보호받고 있습니다.

청개구리와는 울음소리로
구분할 수 있습니다.

최근 수원청개구리는
노란배청개구리라는
새로운 종으로 나누어졌습니다.

노란배청개구리는
이름만큼 배가 노랗지는 않습니다.

청개구리, 수원청개구리, 노란배청개구리는
모습보다는 울음소리가 서로 다르죠.
셋을 섞어 놓고 구별하라고 하면
포기하는 게 좋을 지도.

붉은귀거북

거북목 늪거북과 · 몸길이 20-60cm · 잡식성

붉은귀거북은 우리나라의 토종거북이 아닙니다. 누군가의 애완동물이었거나, 혹은 종교행사에서 방생되거나. 저마다의 다양하고 작은 사연을 가지고 이 단단한 친구들은 한국에 버려졌고, 토종 남생이를 밀어내고 현재는 우리나라 거북이 중 하나로 자리 잡아버렸죠. 그래서인지 특히 사람이 접근하기 쉬운 호수공원에서 쉽게 볼 수 있습니다. 여름이면 호수공원에 조성된 바위 위에 삼삼오오 모여 일광욕을 하고는 합니다. 어릴 적에는 육식성향이 강하지만 자랄수록 초식성향이 강해집니다.

조립 방법

도안

81

반드시 구멍을 잘라야 합니다.

최근에는 붉은귀거북조차
새로 유입된 페닌슐라쿠터나 리버쿠터에게
자리를 밀리고 있습니다.

애완동물을 키울 때
무거운 책임감에 대해
다시 생각해보세요.

83

실루엣

반드시 구멍을 잘라야 합니다.

남생이를 밀어낸 붉은귀거북도
우리나라의 겨울을 나는 건
어려운 일인지라
많은 수가 동면에 실패합니다.

한국에서 살아남는 자. 진정으로 강한 자.

배추흰나비

나비목 흰나비과 · 몸길이 19-27mm · 잎과 꿀

우리나라 산과 들, 공원 어디를 가든 제일 먼저 봄을 알리는 나비 중 하나가 배추흰나비일 것입니다. 이름처럼 배추, 무, 양배추 등에 알을 낳는 배추흰나비는 3월에서 5월에 나타나는 봄 형을 시작으로 6월에서 10월에 나타나는 여름 형까지 연 3-4회 발생하기 때문에 봄에서 늦가을까지 아주 오랫동안 만나 볼 수 있어요. 애벌레는 예쁜 녹색인데 먹성이 좋아 농부들과는 사이가 아주 좋지 않습니다.

조립 방법

① 화살표를 따라 순서대로 접착합니다.
흰색 면을 검은색 면에 접착합니다.

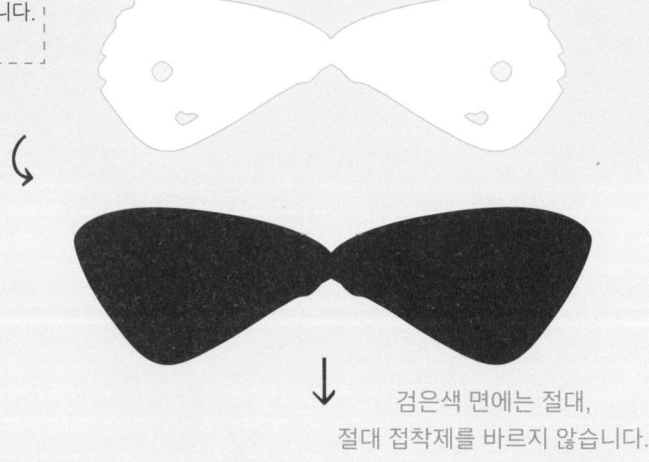

검은색 면에는 절대,
절대 접착제를 바르지 않습니다.

② 뒷날개와 앞날개의 맨 위 평평한 부분을 맞추어 접착해줍니다.

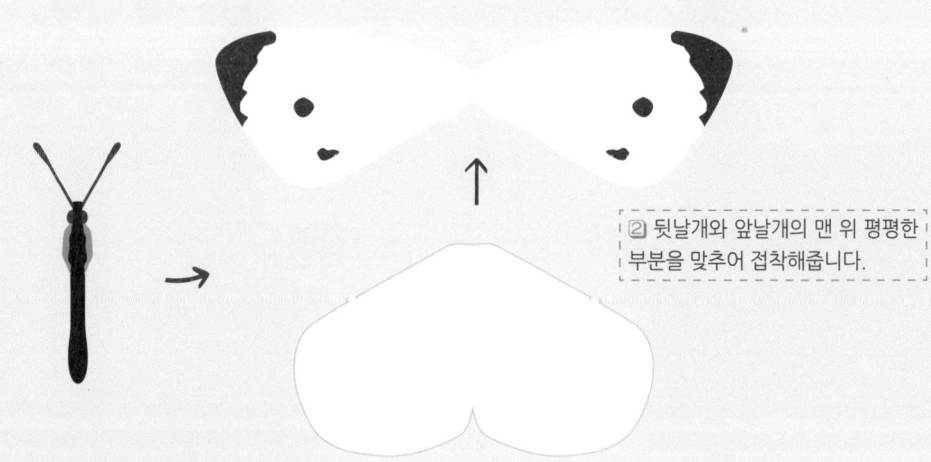

③ 날개를 먼저 접착한 후에 몸통을 접착합니다. 이때 눈이 날개 밖으로 너무 튀어나오지 않게 주의합니다.

④ 각각 조립된 부분을 합칩니다. 이때 첨부된 실루엣을 기준으로 조립하면 좀 더 쉽게 조립할 수 있습니다. 나비는 자세 고정입니다.

도안

여러분이 잘라야 할 구멍.

여러분이 실수할까봐 몸통이 세 개.

배추흰나비는 산보다
마을이나 도심 주변에서
오히려 더 많이 보이는
좀 특이한 나비입니다.

실루엣

쉬워서 두 마리 준비했어요.

집에서도 아주 쉽게 기를 수 있습니다.
배추 화분 하나만 밖에 방치해두면
어느 날 갑자기 알이 생깁니다.

노랑나비

나비목 흰나비과 · 몸길이 47-52mm · 잎과 꿀

이름 그대로 노란색을 띄는 건 보통 수컷으로, 암컷은 노란색과 흰색이 모두 있고 보통 흰색이 더 흔합니다. 우리나라 전역에서 볼 수 있으며 낮은 온도에서도 활발히 활동하는 편입니다. 일 년에 3-4회, 빠르면 2월 중순부터 10월 사이에 나타납니다. 애벌레는 콩과의 식물이나 토끼풀을 먹고 자라며, 번데기로 겨울을 지냅니다.

조립 방법

도안

여러분이 잘라야 할 구멍.

여러분이 실수할까봐
몸통이 두 개.

황해도 신천군에는
노랑나비 무덤이라는 것이 있다고 합니다.
병자호란 때 황씨 성의 의병이 전사하였을 때
노랑나비가 나타나 같이 슬퍼하는 것을 보고
함께 매장하였다는 이야기가 전해져 내려옵니다.

여러분이 잘라야 할 구멍.

제주도와 남해안지방에
서식하는 남방노랑나비의 날개에는
알파카가 있습니다.

노란색과 검은색 무늬가 이어지는
부분을 잘 관찰해보세요.

큰멋쟁이나비

나비목 네발나비과 · 몸길이 55-65mm · 잎과 꿀

이름처럼 화려한 큰멋쟁이나비는 전국적으로 폭넓게 볼 수 있는 나비입니다. 평지 혹은 숲의 가장자리를 좋아해 눈에 잘 띄지만 인기척에 민감해 곧잘 날아가 버립니다. 날개 힘이 좋아 비행속도가 빠르며 멀리 날 수 있습니다. 5월부터 9월 사이에 볼 수 있으며 따뜻한 지방에서는 연 4회도 발생하지만 북부지방에서는 연 2회 정도 발생합니다. 엉겅퀴꽃을 좋아하고, 애벌레는 쐐기나 느릅나무를 먹고 자라며 어른벌레의 모습으로 겨울을 납니다.

조립 방법

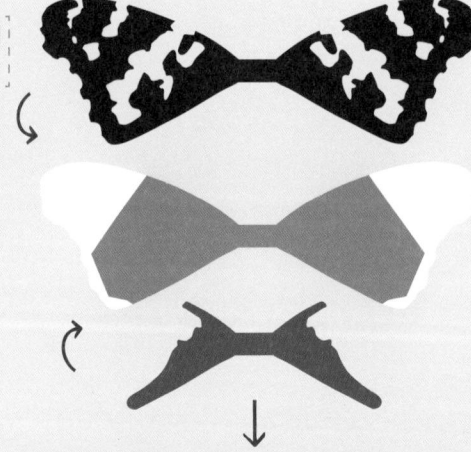

① 화살표를 따라 순서대로 접착합니다. 검은색 면을 먼저 접착한 후 갈색 면을 접착합니다.

검은색 면에는 절대, 절대 접착제를 바르지 않습니다.

② 뒷날개와 앞날개의 맨 위 평평한 부분을 맞추어 접착해 줍니다.

③ 날개를 먼저 접착한 후에 몸통을 접착합니다. 이때 눈이 날개 밖으로 너무 튀어나오지 않게 주의합니다.

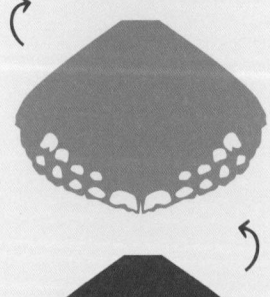

검은색 면에는 절대, 절대 접착제를 바르지 않습니다.

④ 검은색, 주황색, 갈색 순서로 접착해줍니다.

⑤ 각각 조립된 부분을 합칩니다. 이때 첨부된 실루엣을 기준으로 조립하면 좀 더 쉽게 조립할 수 있습니다. 나비는 자세 고정입니다.

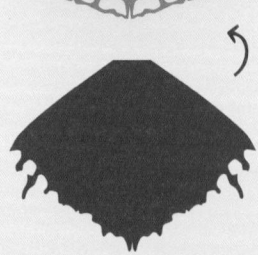

도안

여러분이 잘라야 할 구멍.

친척인 작은멋쟁이나비가 있는데
어이없게도 둘의
크기 차이가 거의 나지 않아
날개무늬로 구분해야 합니다.

여러분이 잘라야 할 구멍.

큰멋쟁이나비의 또 다른 이름으로는
까불나비가 있습니다.

채집하기 매우 힘듭니다.

네발나비

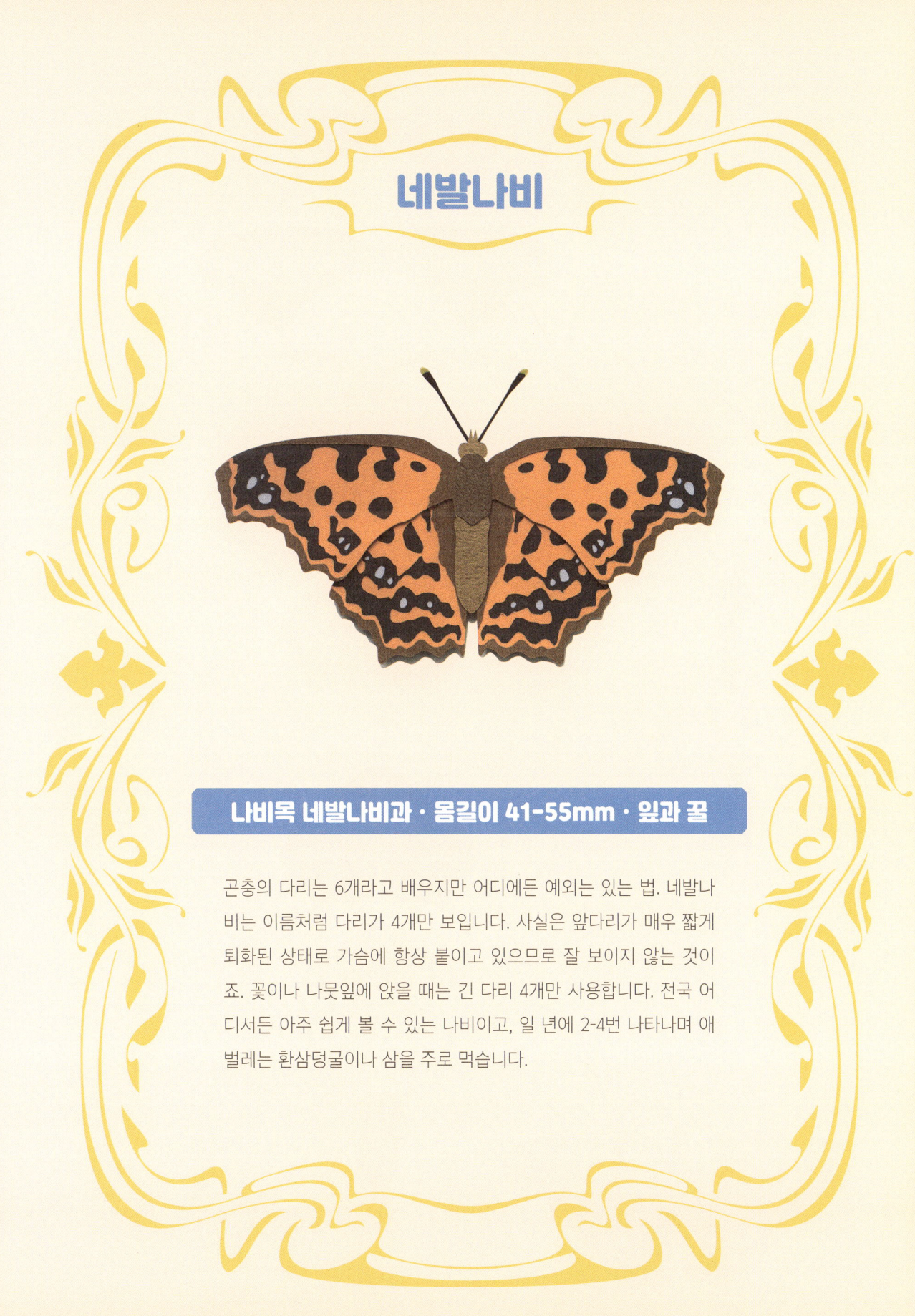

나비목 네발나비과 · 몸길이 41-55mm · 잎과 꿀

곤충의 다리는 6개라고 배우지만 어디에든 예외는 있는 법. 네발나비는 이름처럼 다리가 4개만 보입니다. 사실은 앞다리가 매우 짧게 퇴화된 상태로 가슴에 항상 붙이고 있으므로 잘 보이지 않는 것이죠. 꽃이나 나뭇잎에 앉을 때는 긴 다리 4개만 사용합니다. 전국 어디서든 아주 쉽게 볼 수 있는 나비이고, 일 년에 2-4번 나타나며 애벌레는 환삼덩굴이나 삼을 주로 먹습니다.

조립 방법

① 화살표를 따라 순서대로 접착합니다. 주황색 면을 먼저 접착한 후 갈색 면을 접착합니다.

검은색 면에는 절대, 절대 접착제를 바르지 않습니다.

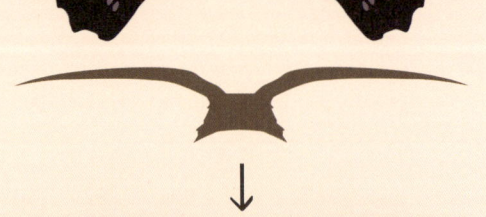

② 뒷날개와 앞날개의 맨 위 평평한 부분을 맞추어 접착해줍니다.

③ 날개를 먼저 접착한 후에 몸통을 접착합니다. 이때 눈이 날개 밖으로 너무 튀어나오지 않게 주의합니다.

검은색 면에는 절대, 절대 접착제를 바르지 않습니다.

⑤ 각각 조립된 부분을 합칩니다. 이때 첨부된 실루엣을 기준으로 조립하면 좀 더 쉽게 조립할 수 있습니다. 나비는 자세 고정입니다.

④ 갈색, 주황색, 검은색 순서로 접착해줍니다.

도안

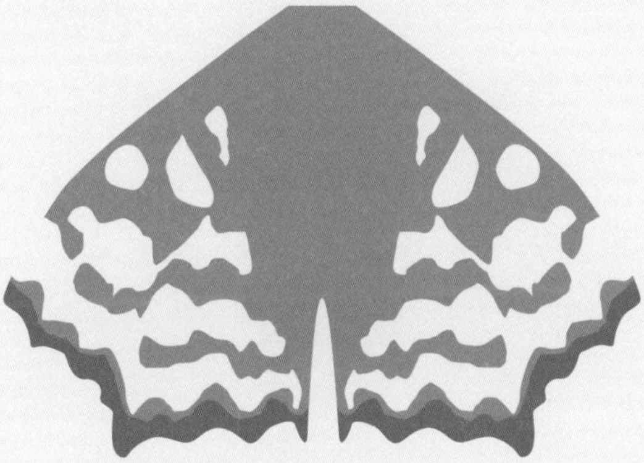

여러분이 잘라야 할 구멍.

여러분이 잘라야 할 구멍.

네발나비는 성충인 상태로
겨울을 나는 몇 안 되는
나비들 중 하나입니다.

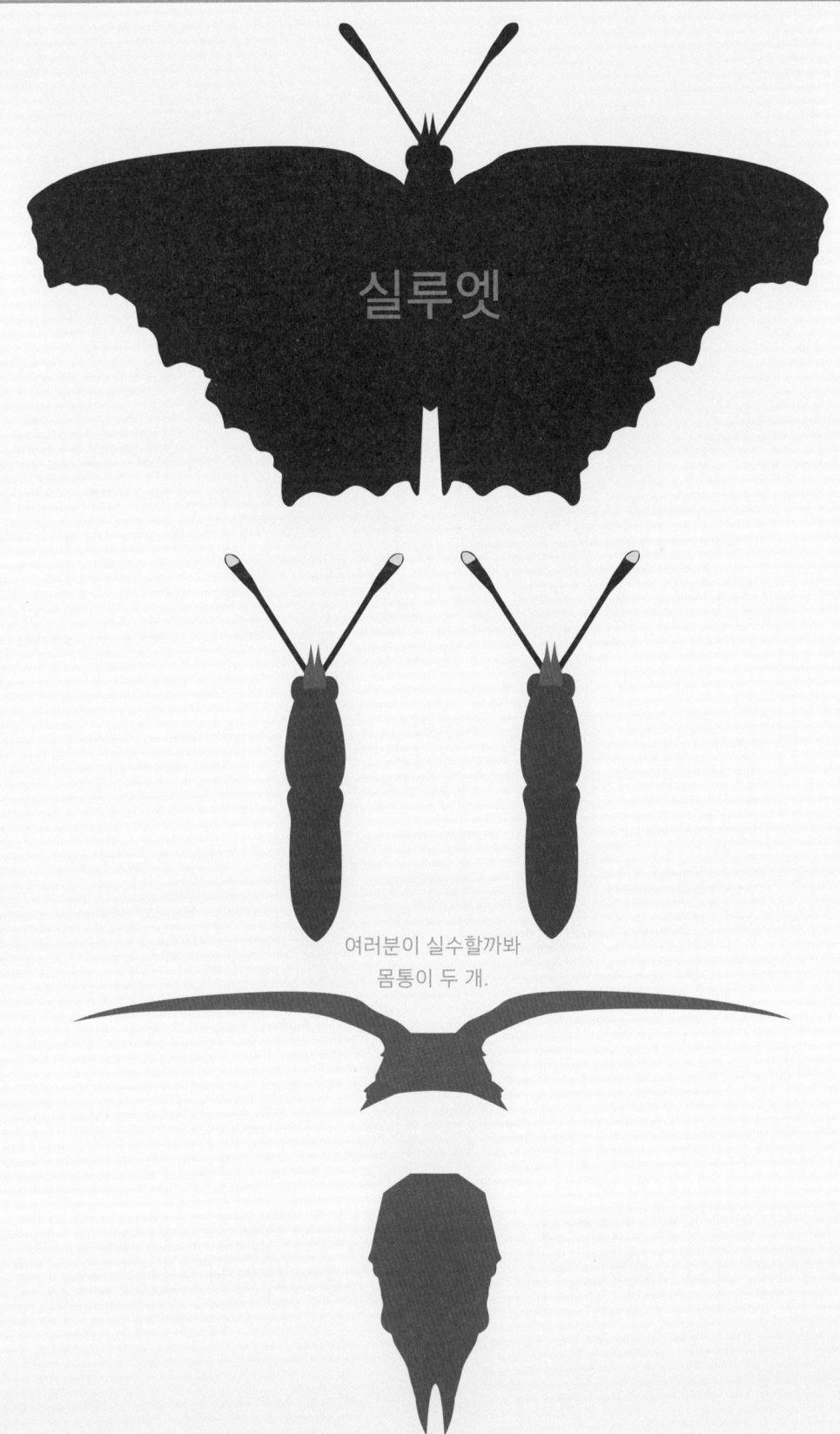

실루엣

여러분이 실수할까봐
몸통이 두 개.

날이 따뜻하면
한겨울에도 가끔
볼 수 있습니다.

호랑나비

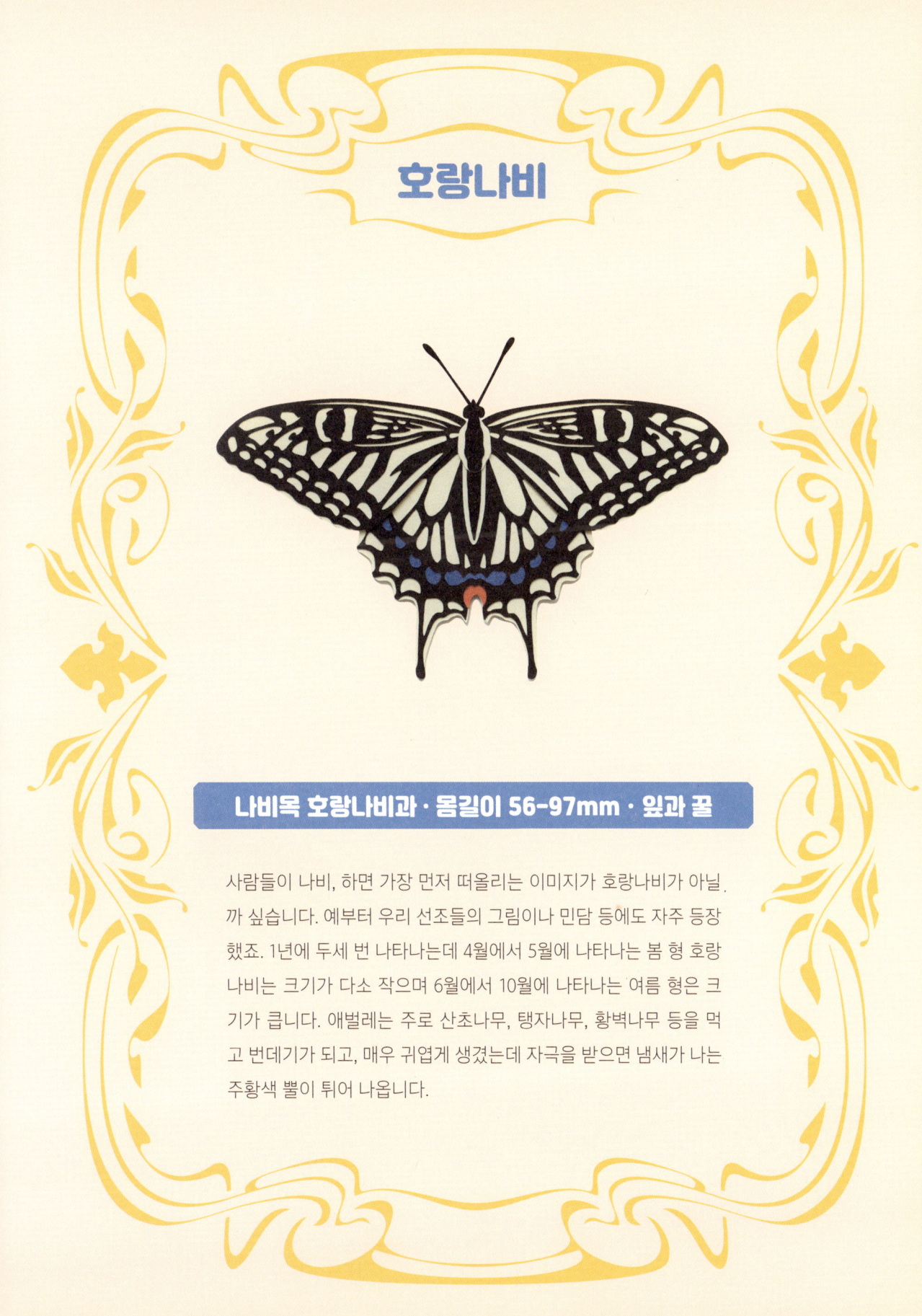

나비목 호랑나비과 · 몸길이 56-97mm · 잎과 꿀

사람들이 나비, 하면 가장 먼저 떠올리는 이미지가 호랑나비가 아닐까 싶습니다. 예부터 우리 선조들의 그림이나 민담 등에도 자주 등장했죠. 1년에 두세 번 나타나는데 4월에서 5월에 나타나는 봄 형 호랑나비는 크기가 다소 작으며 6월에서 10월에 나타나는 여름 형은 크기가 큽니다. 애벌레는 주로 산초나무, 탱자나무, 황벽나무 등을 먹고 번데기가 되고, 매우 귀엽게 생겼는데 자극을 받으면 냄새가 나는 주황색 뿔이 튀어 나옵니다.

조립 방법

① 화살표를 따라 순서대로 접착합니다.

하얀색 면에는 절대, 절대 접착제를 바르지 않습니다.

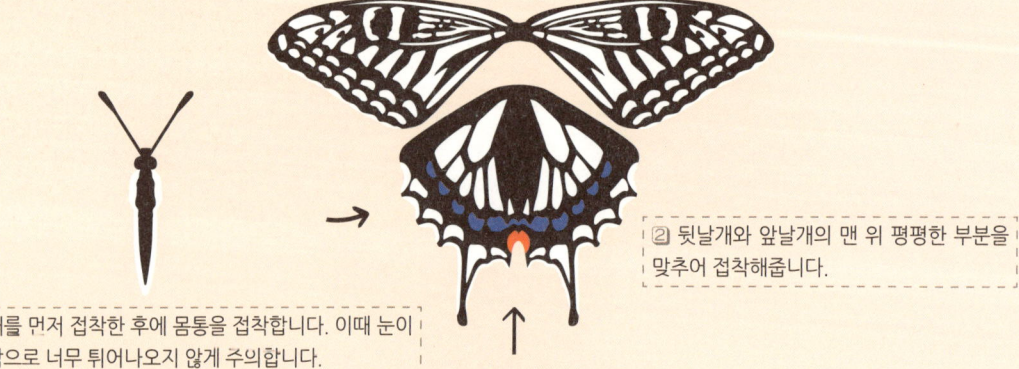

② 뒷날개와 앞날개의 맨 위 평평한 부분을 맞추어 접착해줍니다.

③ 날개를 먼저 접착한 후에 몸통을 접착합니다. 이때 눈이 날개 밖으로 너무 튀어나오지 않게 주의합니다.

④ 붉은색, 파란색, 흰색, 검정색 순서로 접착해줍니다.

⑤ 각각 조립된 부분을 합칩니다. 이때 첨부된 실루엣을 기준으로 조립하면 좀 더 쉽게 조립할 수 있습니다. 나비는 자세 고정입니다.

도안

113

여러분이 잘라야 할 구멍.

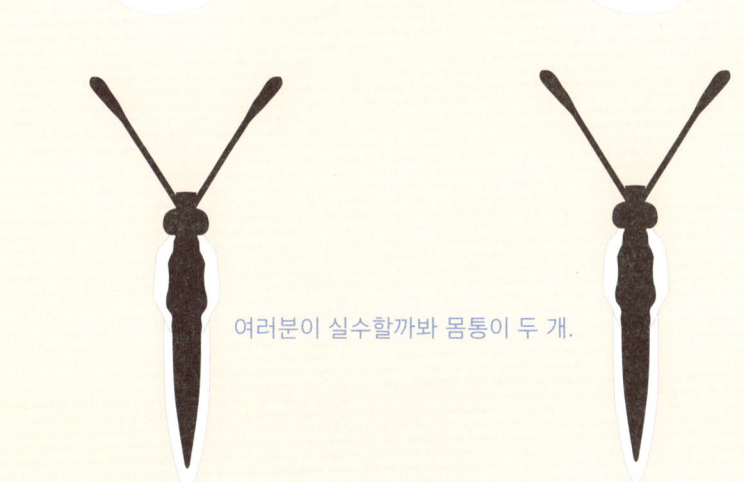

여러분이 실수할까봐 몸통이 두 개.

호랑나비애벌레는 4령까지는
마치 새똥처럼 생겼습니다.
포식자를 피하는 하나의 방법이죠.

실루엣

여러분이 잘라야 할 구멍.

여러분이 잘라야 할 구멍.

호랑나비과 나비들은 하나같이
크고 예쁜 날개를 가지고 있습니다.
개인적으로는
사향제비나비를 가장 좋아합니다.

산호랑나비

나비목 호랑나비과 · 몸길이 65-95mm · 잎과 꿀

얼핏 호랑나비랑 똑같이 생겼지만 색깔이 노란 이 나비는 호랑나비의 친척, 산호랑나비입니다. 이름만 보면 산속에서만 살 것 같지만 도심이나 해안가, 산 가리지 않고 전국 각지에서 만날 수 있는 나비 중 하나입니다. 일 년에 두세 번 5-6월에 봄 형, 7-11월에 여름 형이 나타납니다. 애벌레는 주로 당귀나 당근, 미나리 등을 먹고 번데기가 됩니다. 애벌레는 녹색에 점박이무늬가 줄지어 나 있습니다. 호랑나비처럼 자극을 받으면 냄새가 나는 뿔이 튀어나옵니다.

조립 방법

도안

여러분이 잘라야 할 구멍.

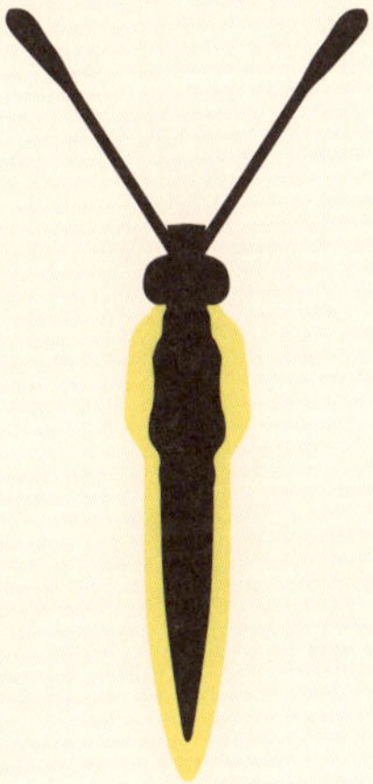

여러분이 잘라야 할 구멍.

서울시 보호야생동물 목록에는
또 다른 호랑나비인
애호랑나비가 있습니다.
보기가 정말 힘든 나비입니다.

여러분이 잘라야 할 구멍.

이름처럼 산에서만 살지는 않습니다.

넓적사슴벌레

딱정벌레목 사슴벌레과 · 몸길이 28-85mm · 나무수액

한국에서 볼 수 있는 사슴벌레 중 가장 몸길이가 길고, 매우 흔하게 볼 수 있습니다. 길고 곧게 뻗은 턱과 유난히 납작한 몸이 특징입니다. 참나무가 많은 산이라면 서울에서도 쉽게 발견할 수 있습니다. 주로 밤에 활동하는데 빛에 이끌리는 성질 때문에 가로등에 모여 들기도 하고 도로에서 로드킬을 당하기도 합니다. 주로 나무의 수액을 먹고 살고, 애벌레는 썩은 나무속에서 번데기가 되며 어른벌레는 1-2년 정도 살 수 있습니다.

조립 방법

① 화살표를 따라 순서대로 접착합니다. 달고나 색 부분이 검은색 면 밑에 살짝 튀어 나오게 접착합니다.

뿔 먼저 접착하기.

더듬이가 제일 바닥으로 가도록 접착합니다.

② 머리를 실루엣을 기준으로 삼아 제일 먼저 접착합니다.

가슴

배

③ 양쪽 날개 딱지를 먼저 접착한 후 가운데 빈 공간에 작은 삼각형을 접착합니다.

④ 배를 먼저 접착한 후 가슴을 맨 마지막에 접착합니다.

⑤ 각각 조립된 부분을 합칩니다. 이때 첨부된 실루엣을 기준으로 조립하면 좀 더 쉽게 조립할 수 있습니다. 곤충은 자세 고정입니다.

도안

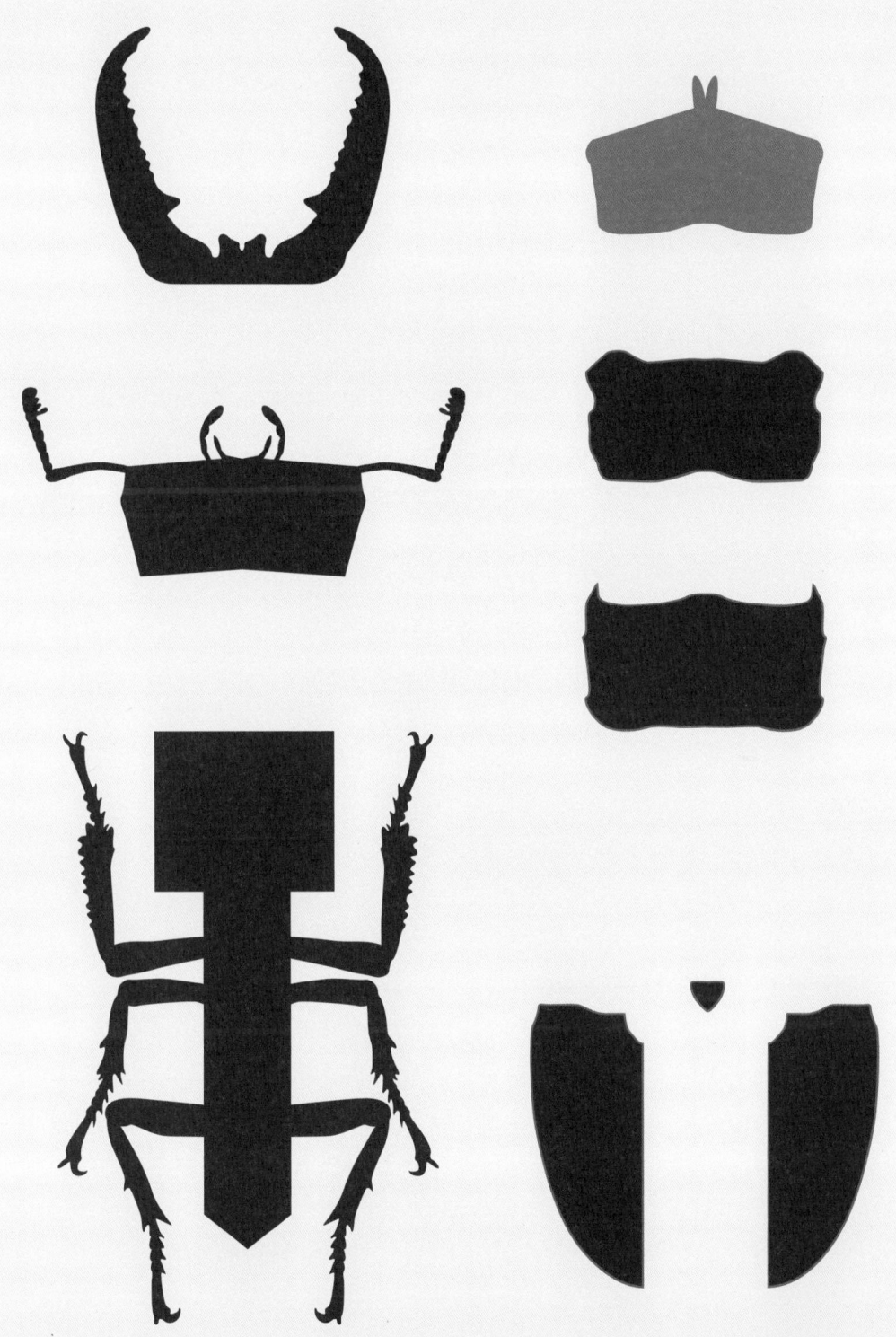

다리가시는 미안해요.
원래 저렇게 생겼어요.
저도 하기 싫었어요.

서울에서 사는
넓적사슴벌레들은
서울시 보호종으로
보호받고 있으므로
채집해서는 안 됩니다.

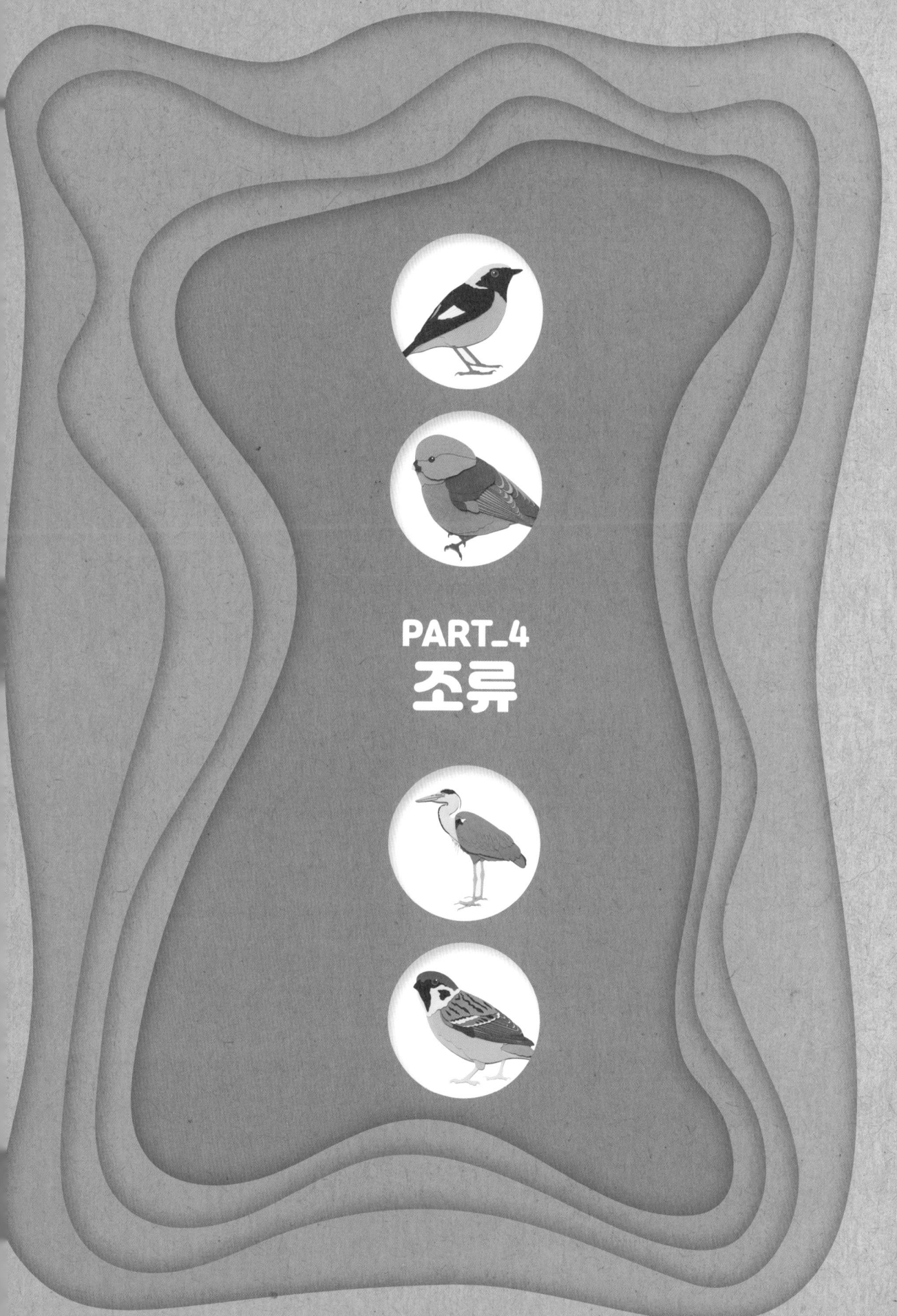

PART_4
조류

곤줄박이

참새목 박새과 · 몸길이 14cm · 잡식성 · 텃새

우리나라 박새과 조류 중 가장 컬러풀한 새가 아닐까 생각합니다. 주로 산림의 저지대에 서식하여 사람과 자주 접하며, 사람을 크게 무서워하지도 않는 편이라 등산객들의 사랑을 듬뿍 받고는 합니다. 주로 곤충을 잡아먹으며 가을과 겨울에는 나무열매 등을 구하거나 저장해두고 찾아 먹습니다. 4-7월 나무구멍이나 인공 새집 등에 둥지를 만들고 5-8개의 알을 낳습니다.

조립 방법

도안

눈구멍을 잊지 않고 잘라줍니다.

여분의 발가락.

새점을 칠 때
점괘를 뽑아주는 새가
곤줄박이라고 합니다.

사람을 무서워하지 않다 보니
TV에도 자주 출연합니다.
그야말로 인싸.

레이저커팅기가 사고 싶었는데
종이는 탄다고 해서
마음을 접었습니다.

딱새

참새목 딱새과 · 몸길이 14cm · 잡식성 · 텃새

흰색 머리에 검은색 등, 주황색 배가 돋보이는 새입니다. 이렇게 화려한 색의 조합은 수컷으로 암컷은 매우 수수한 갈색입니다. 수컷들은 탁 트인 개활지에서 지저귀고는 하는데 이때 꽁지를 위아래로 흔드는 게 귀엽습니다. 주로 곤충을 잡아먹고 삽니다. 5월에 돌 틈이나 건물의 틈 등에 둥지를 만들고 5-7개의 알을 낳습니다. 도심지보다는 도시의 변두리를 더 선호하는 편으로 겨울에 만나기 더 쉽습니다.

조립 방법

도안

눈구멍을 잊지 않고 잘라줍니다.

여분의 발가락.

왜 이름이 딱새인지는 모릅니다.
진짜 어원이 남아 있지 않습니다.

오만 군데 둥지를 트는 걸로 유명합니다.

**오토바이 헬멧부터 자동차 틈새,
우편함에서 벗어둔 신발까지
둥지를 틀지 않는 곳이 없습니다.**

덕분에 TV에 육아일기가 자주 방송됩니다.

**보리(현직 고양이, 4살)는
스코티쉬폴드,**

**똥꼬(현직 고양이, 4살)는
코리안 숏헤어입니다.**

동고비

참새목 동고비과 · 몸길이 11cm · 잡식성 · 텃새

위아래 수직으로 나무를 타고 있는 모습을 보면 얼핏 작은 딱따구리처럼 보입니다. 물론 딱따구리와는 안면이 없습니다. 꽤나 규칙적인 새로 일정한 시간에 일정한 곳에 나타나곤 합니다. 땅에는 잘 내려오지 않고 여름에는 곤충, 겨울에는 나무열매나 씨앗을 먹습니다. 4-6월 딱따구리가 버린 둥지나 인공 새둥지에 7개 정도의 알을 낳습니다. 번식기가 아닐 때는 주로 박새무리와 섞여서 지내고는 합니다.

조립 방법

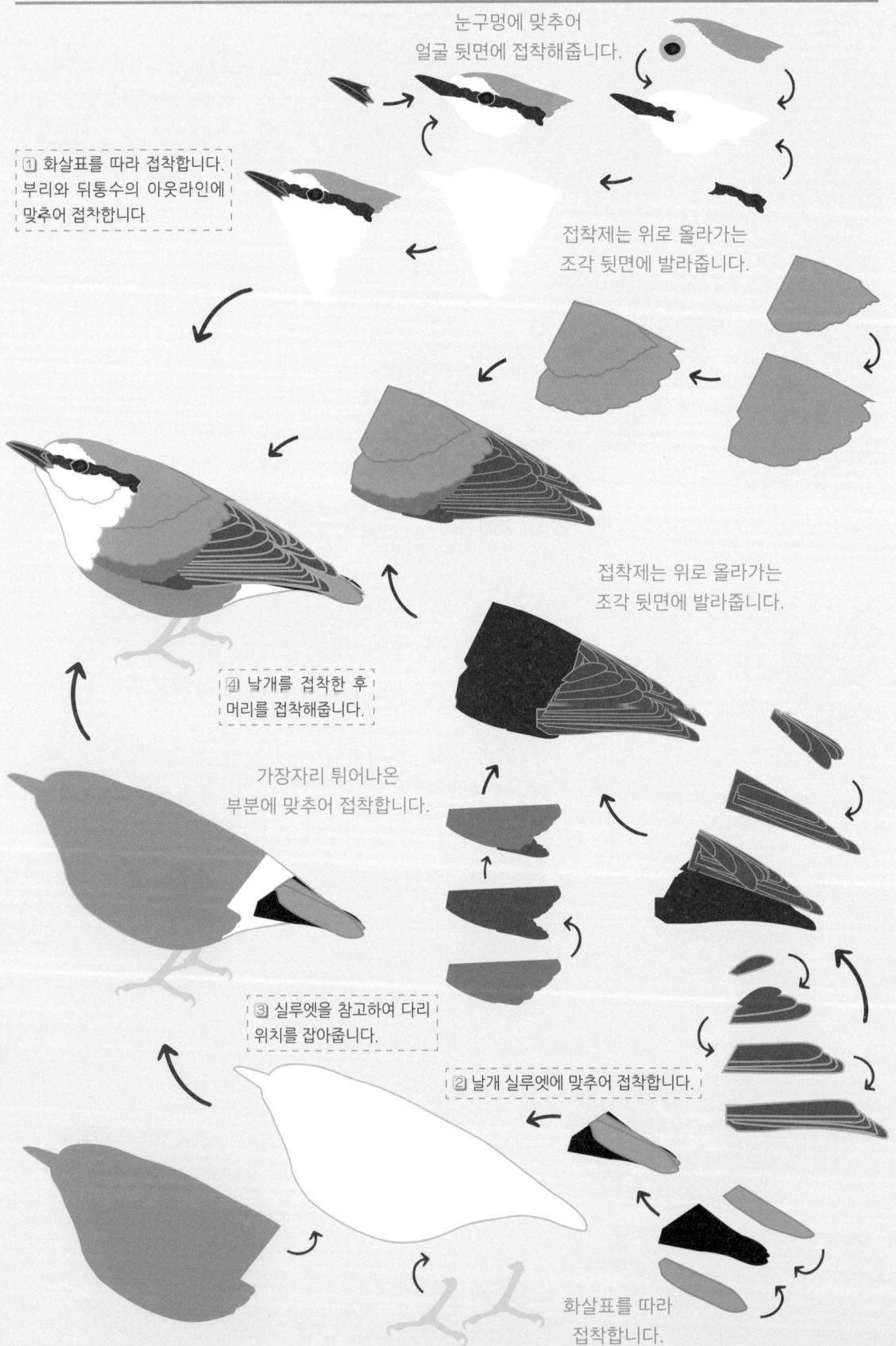

도안

눈구멍을 잊지 않고 잘라줍니다.

여분의 발가락.

딱따구리의 둥지를 많이 이용하는데
이때 둥지 입구가 너무 넓으면
진흙 따위로 입구를 좁히는
대공사를 합니다.

딱따구리보다
나무를 타는 실력이 더 좋다고 합니다.
동고비는 나무를 사방으로
오르락내리락할 수 있습니다.

저는 매우 희귀한
탕수육 볶아먹기파입니다.

왜가리

황새목 왜가리과 · 몸길이 91-102cm · 어식성 · 텃새

우리나라에 사는 왜가리과 조류 중 가장 거대합니다. 원래는 여름 철새였는데 어느새 텃새가 되어 버렸습니다. 환경적응력이 좋아 대형조류임에도 도시의 하천이나 공원의 호수, 심지어 동물원의 동물 우리에서 먹이를 뺏어 먹는 등 전국적으로 매우 쉽게 볼 수 있습니다. 국내 하천의 최상위포식자로 못 먹는 것이 거의 없습니다. 4-5월 3-5개의 알을 낳습니다. 나무의 꼭대기에 여러 마리가 집단으로 둥지를 만듭니다. 이때 백로들과 함께 둥지를 만들기도 합니다.

조립 방법

도안

눈구멍을 잊지 않고 잘라줍니다.

왜가리가 바로 그 유명한
카리스마 대빵큰오리입니다.

건국대학교 일감호와
올림픽공원은
왜가리의 집단 번식지로
유명합니다.

실루엣

별명은 너구리이고
오리너구리를 좋아합니다.

박새

참새목 박새과 · 몸길이 14cm · 잡식성 · 텃새

마치 검은색 넥타이를 맨 것 같은 모습을 한 귀여운 새입니다. 숲에 사는 새들 중 대표적인 우점종으로 다른 새들과 곧잘 섞여서 먹이활동을 합니다. 주로 곤충을 잡아먹으며 곤충이 없는 겨울철에는 땅에 떨어진 씨앗이나 열매를 찾아 먹습니다. 4-7월이 번식기이며 인공물의 틈이나 바위틈 등지에 둥지를 만들고 6-12개의 알을 낳습니다. 인공 새둥지 이용률이 높은 편이라고 합니다. 5가지 정도의 다양한 울음소리를 냅니다.

도안

눈구멍을 잊지 않고 잘라줍니다.

여분의 발가락.

기후변화에 매우 민감한 새입니다.
온도에 따라 곤충의 발생과 새끼의 생육조건이
달라지다 보니 온도에 따라 번식시기를 조절합니다.

하지만 기후변화로 인해
이런 균형이 틀어지고 있습니다.
완벽한 균형….

정면에서 보면
마블의 안티히어로
베놈의 얼굴처럼 보입니다.

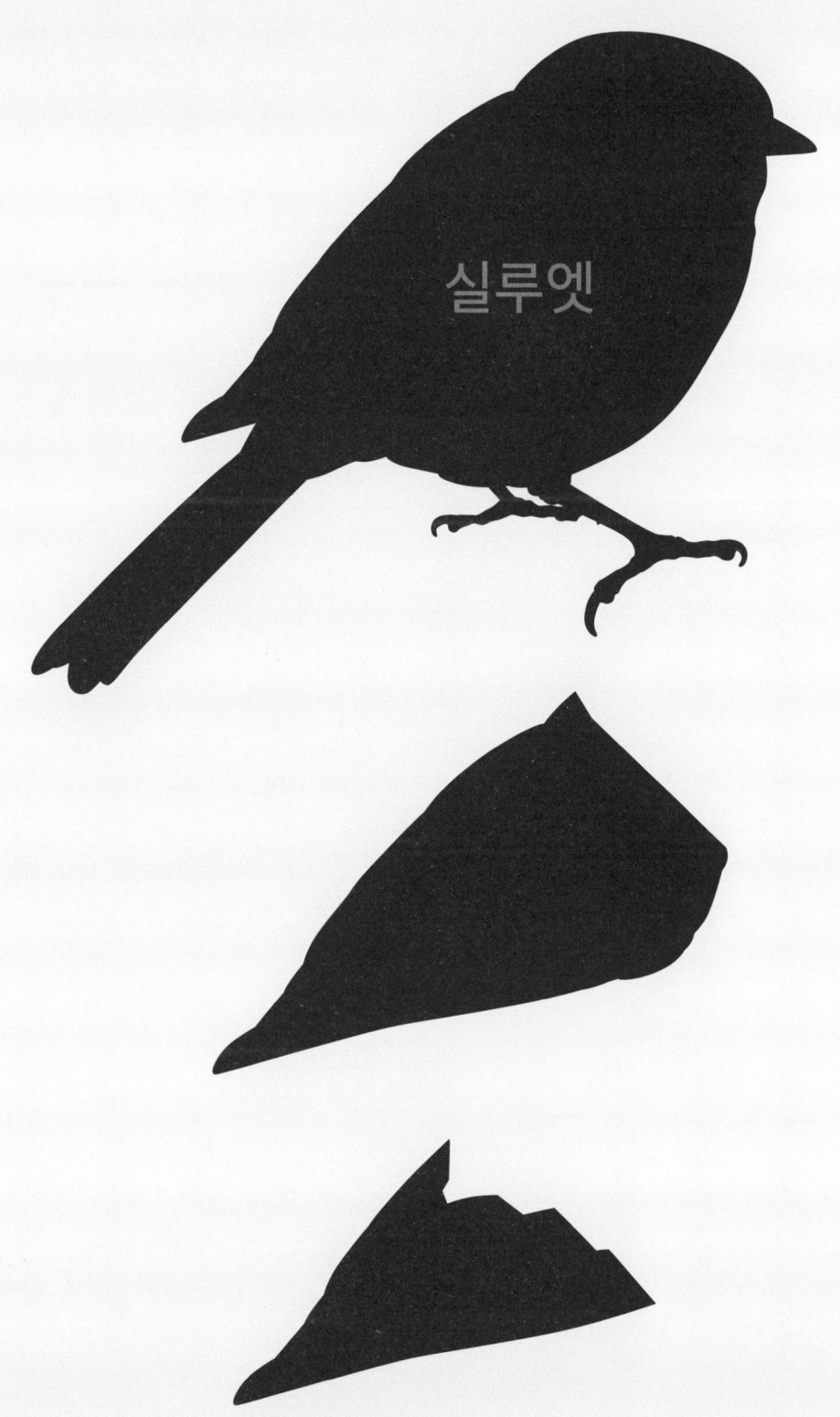

**금붕어를 엄청 좋아하는데
잘 기르지는 못합니다.**

금붕어 쉽지 않습니다.

까치

참새목 까마귀과 · 몸길이 45-48cm · 잡식성 · 텃새

까치는 우리나라에서 가장 사랑받는 새 중 하나일 것입니다. 비공식적으로는 국조 후보에도 오를 정도이니 말입니다. 거기다 지능도 매우 높습니다. 예로부터 길조로 여겨지는 까치는 우리나라의 대표적인 텃새입니다. 하지만 변덕스러운 인간은 한편으로 까치를 유해조수 취급하며 천덕꾸러기로 만들었습니다. 뭐든 잘 먹다 보니 농작물을 해치고 까치의 둥지가 정전을 일으키기 때문이랍니다. 까치는 늘 그래왔듯이 하던 일을 했을 뿐인데 말입니다.

조립 방법

도안

눈구멍을 잊지 않고 잘라줍니다.

여분의 발가락.

일본에는 본래 까치가 없었습니다.
임진왜란 당시 사가성 성주
나베시마 나오시게의 배에
까치 한 마리가 올라탔는데
이를 길조로 여겨 잡아갔다고 합니다.

현재 일본에서 까치는 보호종입니다.

제주도에도 원래 까치가 없었습니다.
하지만 1989년 스포츠신문 창립행사에서
방사된 까치들이 제주도에 정착하여
토종 조류들을 괴롭히고 있습니다.

작가는 사실 새보다 파충류를 더 좋아합니다.
새는 저의 작업 뮤즈입니다.

비둘기

비둘기목 비둘기과 · 몸길이 33cm · 잡식성 · 텃새

우리나라에서 가장 많은 미움을 받는 새 1위는 비둘기가 아닐까 싶습니다. 각종 안 좋은 별명을 두루 갖추고 있는 비둘기이지만 도시생태계에 제일 잘 적응한 새 중 하나입니다. 우리가 흔하게 보는 비둘기들은 집비둘기와 바위비둘기의 후손들입니다. 88올림픽 당시 평화의 상징으로 날려진 비둘기들이 도시에 정착하여 지금의 모습이 되었습니다. 하지만 도시생활이 비둘기에게도 마냥 편한 것은 아니라 발가락이 잘리거나 기름을 뒤집어 쓴 비둘기들을 자주 볼 수 있습니다.

조립 방법

도안

눈구멍을 잊지 않고 잘라줍니다.

여분의 발가락.

우리나라에는 원래 양비둘기라
불리는 토종비둘기가 있습니다.
집비둘기와의 교잡과 먹이경쟁에 밀려
현재는 멸종위기 야생생물 II급으로 지정되어
보호받고 있습니다.

공원의 숲이나 산속에서
구구↘-굵굵↗ 하고
우는 새는 산비둘기입니다.
예쁜 외모 덕에 집비둘기들에 비해
미움을 덜 받는 편입니다.

마지막으로 본 드라마는
왕좌의 게임 시즌 8입니다.
너무 괴롭습니다.

오목눈이

참새목 오목눈이과 · 몸길이 14cm · 잡식성 · 텃새

공원이나 산, 사람이 사는 곳 근처 어디서든 쉽게 볼 수 있는 텃새입니다. 여러 마리가 무리지어 나무에서 나무 사이로 이동하고, 땅에는 잘 내려앉지 않습니다. 무리 사이에는 박새 같은 다른 종류의 새들이 섞여 있기도 합니다. 4-6월 나뭇가지 사이에 거미줄과 이끼 등으로 둥지를 만들어 7-11개의 알을 낳습니다. 둥지는 사람들이 생활하는 곳 근처에 만드는데 이는 사람들을 통해 천적의 접근을 막으려는 오목눈이의 지혜입니다.

도안

눈구멍을 잊지 않고 잘라줍니다.

여분의 발가락.

흔히 뱁새라고 부르지만
사실 뱁새는 따로 있습니다.
오목눈이는 오목눈이입니다.

세상에서 제일 귀여운
한국의 새라고 알려진 새는
흰머리오목눈이입니다.

텃새인 오목눈이와 달리
겨울에만 아주 희귀하게
볼 수 있는 나그네새입니다.

당첨운이 엄청나게 없지만
복권은 언제 사도 설렙니다.

조립 방법

도안

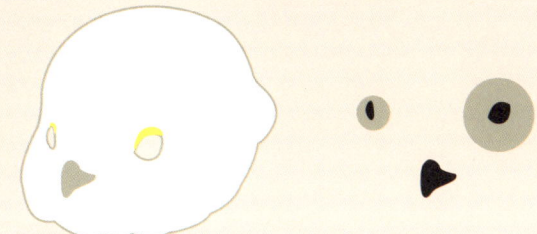

눈구멍을 잊지 않고 잘라줍니다.

여분의 발가락.

겨울 도봉산에서 가끔 볼 수 있다고 합니다.
등산을 싫어해서 가본 적은 없습니다.
요즘은 안산에서도 보인다고 합니다.

어릴 때는 눈 주위가
시커멓다가 다 자라면
새하얗게 변합니다.

씨몽키를 키울까
진지하게
고민 중입니다.

유리딱새

참새목 딱새과 · 몸길이 14cm · 잡식성 · 나그네새

봄과 가을 우리나라를 통과하는 나그네새입니다. 남부지방에서는 겨울에도 볼 수 있습니다. 암수 생김새의 차이가 있는데 수컷은 등이 파란색이고 암컷은 올리브색입니다. 옆구리는 둘 다 주황색입니다. 무리를 짓지 않으며 보통 나무 위에서 지냅니다. 주로 곤충이나 거미를 먹고 삽니다. 번식은 우리나라의 경우 백두산 고지대에서 드물게 이루어진다고 합니다. 6-8월에 3-6개의 알을 낳아 기릅니다.

도안

눈구멍을 잊지 않고 잘라줍니다.

여분의 발가락.

북한산이나 창경궁, 경복궁 같은
고궁의 숲에서 만나 볼 수 있습니다.
하지만 아주 흔하게 볼 수 있는 새는 아닙니다.

핀란드에서 시베리아를 지나
일본에 이르는 수천 킬로미터를
날아다니는 철새입니다.

실루엣

반복 작업을 엄청 싫어합니다.
페이퍼 아트는 어떻게 하고 있는 건지
잘 모르겠습니다.

동박새

참새목 동박새과 · 몸길이 12cm · 잡식성 · 텃새

연두색의 소형 조류입니다. 제주도를 비롯한 남부 해안지방의 섬에서 주로 서식하던 텃새이나 최근 들어 서울에서도 간혹 볼 수 있습니다. 꽃의 꿀을 매우 좋아하는데 특히 동백꽃 주변에서 자주 보이다 보니 동박새라는 이름이 붙었습니다. 꽃의 개화시기에 맞춰 이동하곤 합니다. 거미와 곤충도 곧잘 잡아먹습니다. 4-6월 거미줄과 이끼로 만든 둥지에 4-5개의 알을 낳습니다. 번식기가 아닐 때는 주로 무리지어 다닙니다.

조립 방법

도안

눈구멍을 잊지 않고 잘라줍니다.

여분의 발가락.

매우 온순하며
울음소리와 생김새가 예뻐
과거에는 애완용으로
일본에 많이 잡혀 갔습니다.

한국동박새라는 근연종이 있습니다.
이름은 한국동박새인데
한국을 지나가는 나그네새이며
매우 보기 어렵습니다.

반면 동박새는 텃새이고
매우 흔한 새입니다.
둘이 이름을 바꿔야 하지 않을까요.

작가의 집에는
고양이가 두 마리 있습니다.

참새

참새목 참새과 · 몸길이 15cm · 잡식성 · 텃새

공원의 벤치든 도시의 담벼락이든 어디서든지 재잘거리는 소리를 들을 수 있는 새. 바로 참새입니다. 우리나라에서 가장 흔하게 볼 수 있는 새 중 하나인 참새는 번식기가 아닐 때는 많은 수가 무리지어 다니며 주로 곡식을 먹습니다. 번식기에는 인가의 지붕과 건물 틈에 지푸라기 등으로 둥지를 만들며 일 년에 1-3회 정도 번식합니다. 이때는 주로 곤충을 사냥합니다. 우리나라에는 참새와 섬참새 두 종이 살고 있습니다.

도안

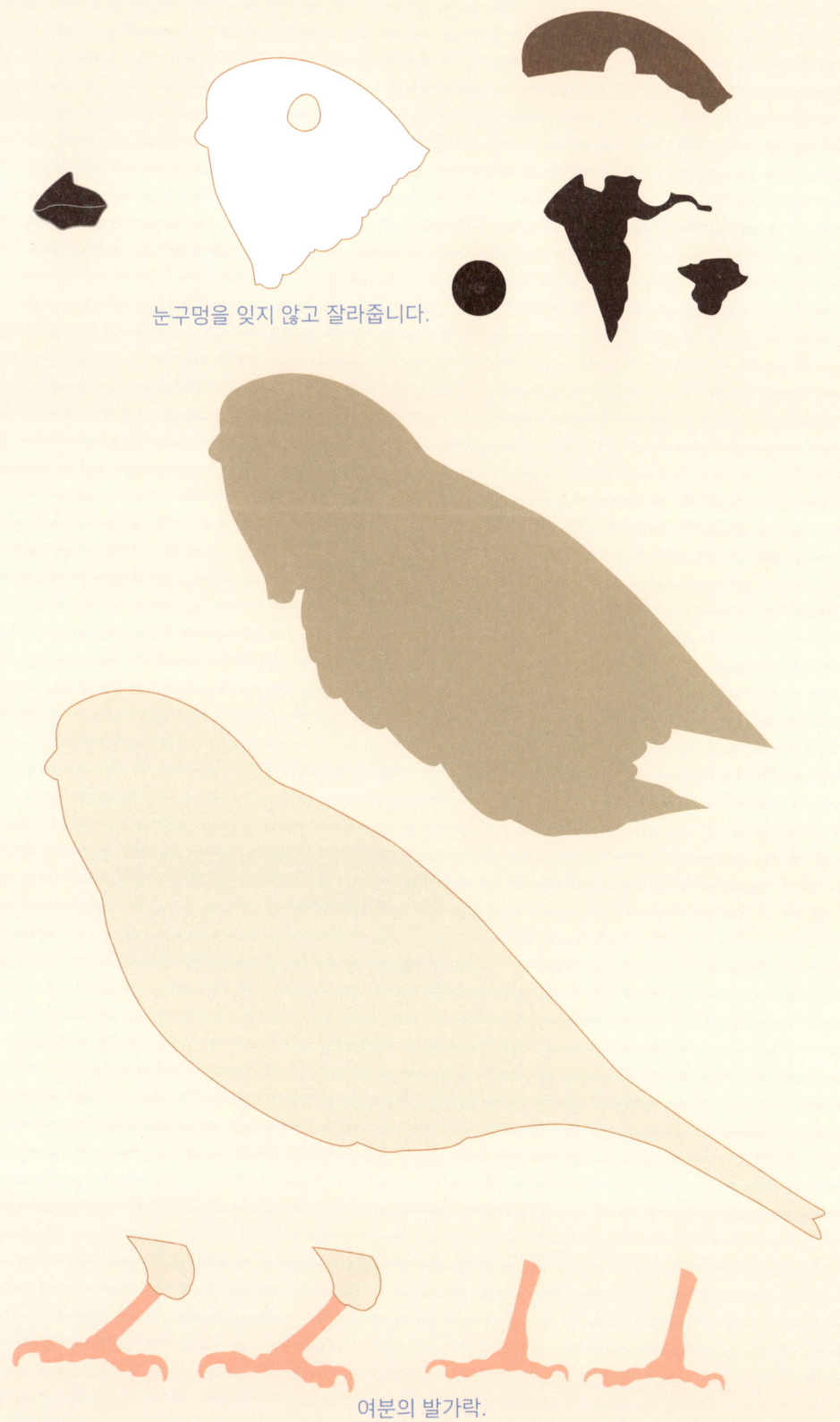

눈구멍을 잊지 않고 잘라줍니다.

여분의 발가락.

**참새는 산림성 조류를 관찰할 때
크기의 기준이 되는 '자' 역할을 해서
자새라고도 부릅니다.**

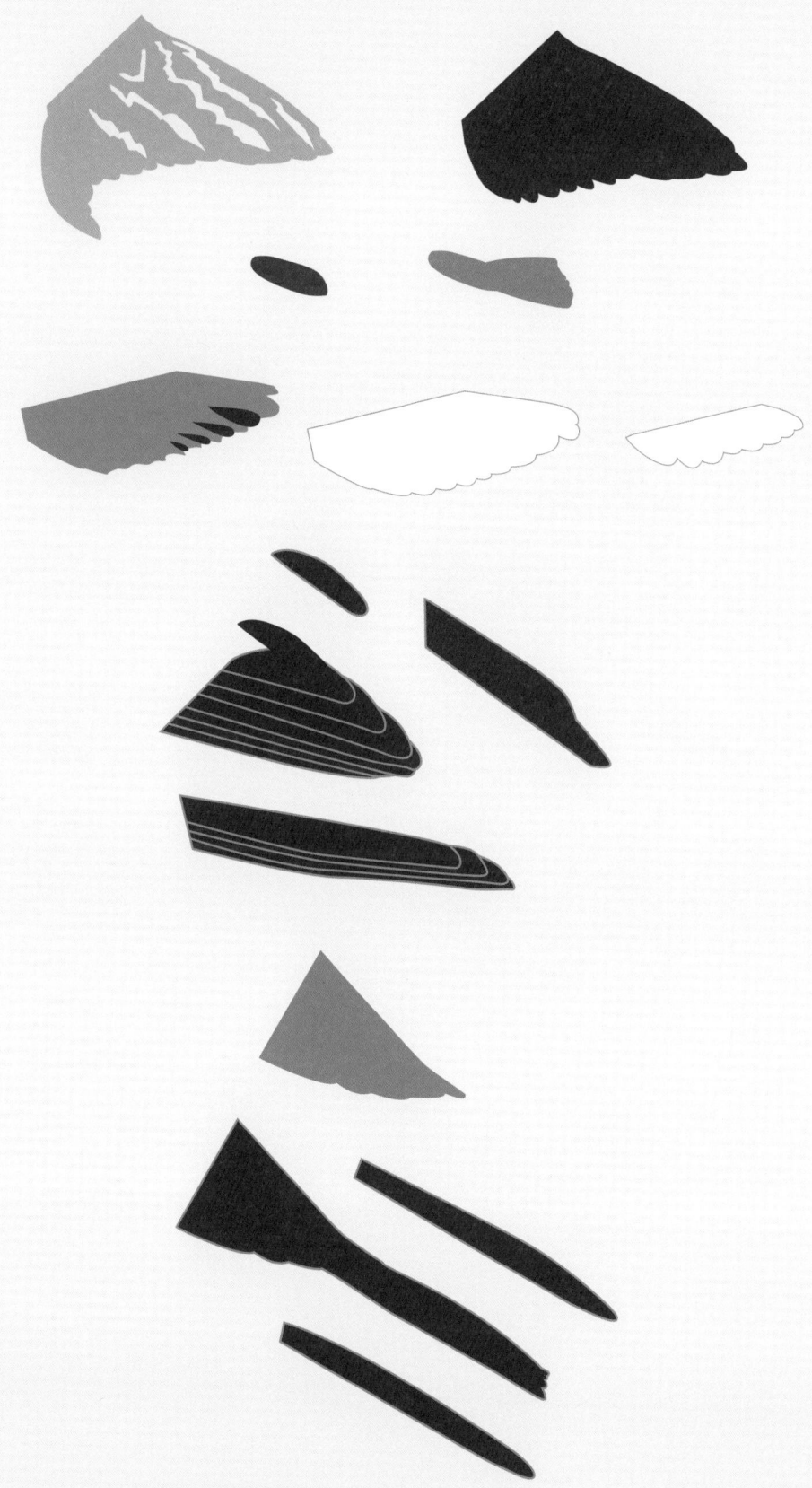

귀여운 외모로 은근 컬트적 인기가 있는
참새는 다 자라도 비둘기가 되지는 않습니다.

펭귄 좋아합니다.
펭귄!!

개

식육목 개과 · 몸길이 다양 · 잡식성 · 반려동물

길게는 15만 년 전에서 짧게는 14,000년 전부터 늑대가 개로 변하기 시작한 것으로 보입니다. 처음 시작은 초기 인류의 쓰레기통을 뒤지던 늑대 중 한 마리였을 것입니다. 그중 유순하고 인간을 무서워하지 않는 늑대의 후손이 현재의 개가 되었습니다. 이제 개는 약 400여 품종 정도가 길러지고 있습니다. 현대의 개들은 훌륭한 반려동물로서 가족을 기쁘게 하고 사람을 구하고 마약을 탐지하고 양을 치면서 지내고 있습니다.

조립 방법

① 첫 번째 도안의 눈과 귀, 코는 모두 잘라줍니다. 집에서 모시는 주인님과 같은 무늬로 색칠합니다. 주인님을 안 모시고 있는 분들은 완성작을 참고하여 색칠하세요.

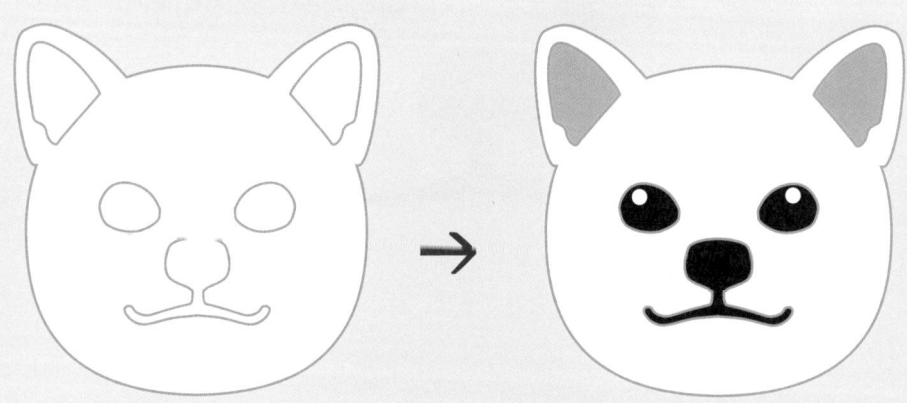

② 두 번째 도안은 아웃라인만 잘라줍니다. 집에 모시는 주인님의 눈, 코, 입 색깔대로 색칠합니다.

③ 색칠한 도안을 합쳐줍니다. 도안 사이에 우드락 같은 보충제를 넣어주면 입체감이 더 살아납니다.

도안

위 도안은 자르는 도안입니다.

위 도안은 색칠하는 도안입니다.

생물학적으로 개는 회색늑대의
가축화된 아종으로 분류됩니다.
수많은 품종의 개들도 사실은 딱 한 종인 것이니,
개는 사실 단일종입니다.
개는 오랫동안 사람과 함께 지내며
사람에 대한 의존성이 매우 높아졌습니다.
이는 개와 함께 하는 인생을 살기 위해서는
사람 역시 그만큼 개를 위해
준비하고 노력해야 한다는 뜻입니다.

고양이

식육목 고양이과 · 몸길이 30-60cm · 육식성 · 반려동물

고양이는 약 15,000년 전 중동의 사막고양이가 사람과 함께 살기 시작한 이래 지금까지도 사람과 함께하고 있습니다. 사실 고양이의 가축화 과정은 사람이 주도한 것이 아닌 고양이 스스로가 사람의 집으로 들어오며 시작된 것으로 보입니다. 고양이가 인간을 길들인 것입니다. 이집트인의 사랑을 듬뿍 받던 고양이는 주로 곡식창고의 쥐를 사냥하며 전 세계로 퍼져나갔습니다. 우리나라에는 삼국시대에 처음 들어온 것으로 보입니다.

조립 방법

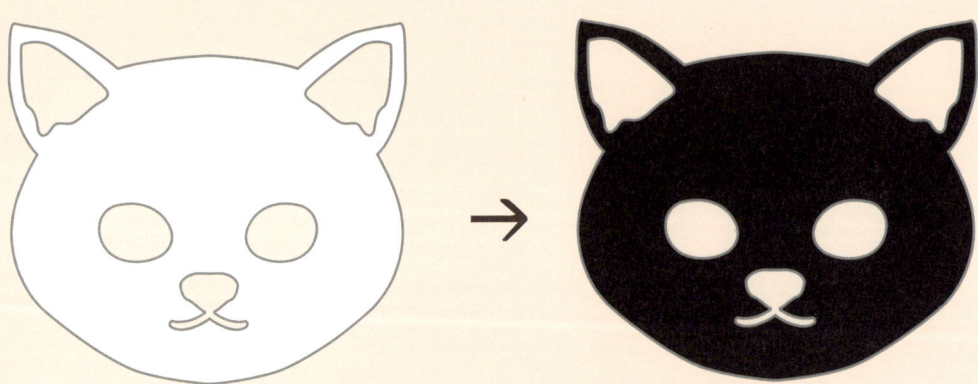

① 첫 번째 도안의 눈과 귀, 코는 모두 잘라줍니다. 집에서 모시는 주인님과 같은 무늬로 색칠합니다. 주인님을 안 모시고 있는 분들은 완성작을 참고하여 색칠하세요.

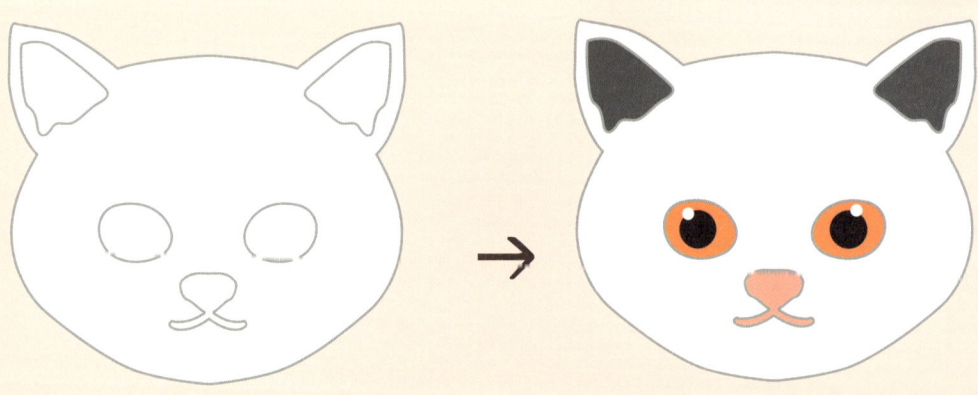

② 두 번째 도안은 아웃라인만 잘라줍니다. 집에 모시는 주인님의 눈, 코, 입 색깔대로 색칠합니다.

③ 색칠한 도안을 합쳐줍니다. 도안 사이에 우드락 같은 보충제를 넣어주면 입체감이 더 살아납니다.

도안

위 도안은 자르는 도안입니다.

위 도안은 색칠하는 도안입니다.

고양이는 대략 70여 품종 정도가 존재합니다.
하지만 고양이도 개와 마찬가지로
생물학적으로는 단일 종입니다.
가축화된 동물임에도 야생성이
많이 남아 있는 고양이는
여러 나라에서 말썽을 일으키곤 합니다.
특히 야생에 버려진 들고양이들이
토착 동물들의 멸종에 기여하고 있죠.
반려동물을 버리지 맙시다.

앵무새

조강 앵무새목 · 몸길이 10-100cm · 잡식성 · 반려동물

우리나라에 앵무새가 처음 들어온 것은 신라시대인 것으로 보입니다. 주로 열대지방에서 서식하며 예쁜 깃털과 매우 높은 지능으로 반려동물로서 인기가 많습니다. 하지만 지능이 높기 때문에 그만큼 사육 난이도도 높습니다. 주인과의 유대감이 매우 깊기 때문에 잦은 분양이나 주인과의 마찰로 정신질환을 앓기도 합니다. 앵무새는 오래 삽니다. 소형앵무새조차 10년은 살며 중대형은 거의 사람만큼 살 수 있습니다. 평생을 함께 할 수 있는 반려동물인 것입니다. 말동무는 덤입니다.

조립 방법

① 첫 번째 도안의 눈과 귀, 코는 모두 잘라줍니다. 집에서 모시는 주인님과 같은 무늬로 색칠합니다. 주인님을 안 모시고 있는 분들은 완성작을 참고하여 색칠하세요.

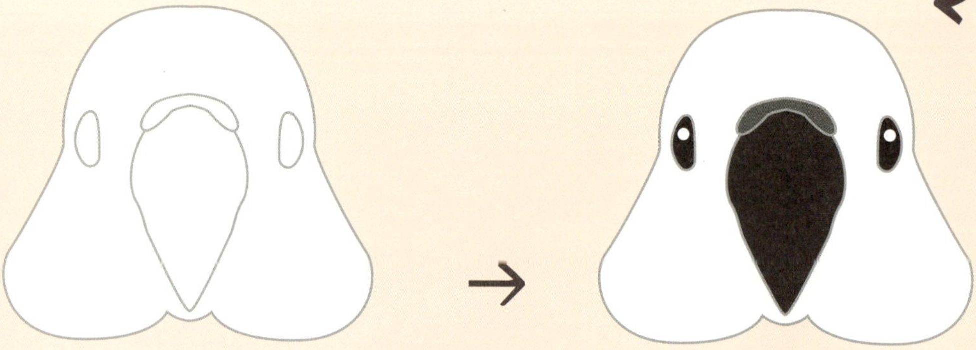

② 두 번째 도안은 아웃라인만 잘라줍니다. 집에 모시는 주인님의 눈, 코, 입 색깔대로 색칠합니다.

③ 색칠한 도안을 합쳐줍니다. 도안 사이에 우드락 같은 보충제를 넣어주면 입체감이 더 살아납니다.

도안

위 도안은 자르는 도안입니다.

위 도안은 색칠하는 도안입니다.

모든 앵무새가 말을 할 줄 아는 건 아닙니다.
사실 거의 대부분 말을 못합니다.

윙컷은 날개를 자르는 것이 아닙니다.
날개깃을 잘라서 비행능력을 다소 낮추는 것으로,
실내는 물론 야외에서 앵무새를 잃어버리거나
사고가 일어나는 것을 방지해주는 것입니다.
물론 날개깃은 다시 자랍니다.

토끼

토끼목 토끼과 · 몸길이 40-50cm · 초식성 · 반려동물

19세기 영국에서 가축화된 굴토끼를 교배하여 만들어진 것이 현재 집토끼들의 시초입니다. 대략 30여 종 정도가 품종토끼로서 길러지고 있습니다. 국내에서 토끼는 생각보다 기르기가 힘든 동물임에도 저렴한 분양비와 부족한 정보로 인해 반려동물로 무분별하게 길러지고 있습니다. 10년을 넘게 살 수 있고 번식력이 매우 뛰어난 동물이기에 기르기 전에 충분한 사전 조사는 필수입니다. 충분한 물과 건초, 푹신푹신한 잠자리 조공은 물론 어마무시하게 빠지는 털을 감당할 수 있는지 충분히 생각해보고 토끼를 데려옵시다.

조립 방법

① 첫 번째 도안의 눈과 귀, 코는 모두 잘라줍니다. 집에서 모시는 주인님과 같은 무늬로 색칠합니다. 주인님을 안 모시고 있는 분들은 완성작을 참고하여 색칠하세요.

② 두 번째 도안은 아웃라인만 잘라줍니다. 집에 모시는 주인님의 눈, 코, 입 색깔대로 색칠합니다.

③ 색칠한 도안을 합쳐줍니다. 도안 사이에 우드락 같은 보충제를 넣어주면 입체감이 더 살아납니다.

도안

위 도안은 자르는 도안입니다.

위 도안은 색칠하는 도안입니다.

서울의 공원 잔디밭에 삼삼오오 모여 있는
하양고 얼룩덜룩한 토끼들은 우리나라 토종은 아닙니다.
우리나라에서 원래 살던 토끼는 멧토끼입니다.
약간 어두운 갈색에 누가 봐도
야생에서 지낼 것 같이 생겼습니다.
산토끼와 토끼는 생물학적으로 다른 동물입니다.
산토끼는 말처럼 뛰고
토끼는 토끼처럼 깡충깡충하고 뜁니다.

햄스터

쥐목 비단털쥐과 · 몸길이 12-15cm · 곡식 · 반려동물

골든햄스터라 불리는 시리아햄스터가 반려햄스터의 시작입니다. 1839년 처음 발견된 야생 시리아햄스터는 1930년대 예루살렘의 헤브라이대학으로 잡혀온 12마리에서 시작되어 주로 실험용으로 기르다가 애완화되었습니다. 또한 1773년 중국에서 발견된 드워프햄스터 계열이 있습니다. 귀여운 외모와 작은 크기로 반려동물로 인기가 많지만 은근 사육이 까다로운 편입니다. 특히 몇몇 드워프햄스터를 제외하면 반드시 단독 사육해야 합니다.

반드시.

조립 방법

① 첫 번째 도안의 눈과 귀, 코는 모두 잘라줍니다. 집에서 모시는 주인님과 같은 무늬로 색칠합니다. 주인님을 안 모시고 있는 분들은 완성작을 참고하여 색칠하세요.

② 두 번째 도안은 아웃라인만 잘라줍니다. 집에 모시는 주인님의 눈, 코, 입 색깔대로 색칠합니다.

③ 색칠한 도안을 합쳐줍니다. 도안 사이에 우드락 같은 보충제를 넣어주면 입체감이 더 살아납니다.

도안

위 도안은 자르는 도안입니다.

위 도안은 색칠하는 도안입니다.

햄스터라는 이름은 '음식을 사재기하다'라는
독일어에서 왔다고 합니다.
먹이를 굴속에 저장하는 습성에서 따온 것.
야생의 시리아햄스터와 유럽햄스터는 멸종위기종입니다.

여기까지 와주셔서 감사합니다.
페이퍼 아트, 나름 재밌지 않나요?

Book · Character · Goods · Advertisement · Graphic · Marketing · Brand consulting

D·J·I
BOOKS
DESIGN
STUDIO

facebook.com/djidesign

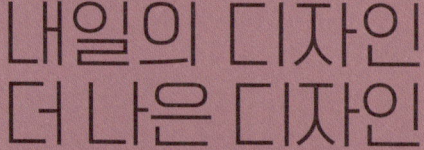

저자협의
인지생략

애니멀 페이퍼 아트
만들어 봐요 동물도감

1판 1쇄 인쇄 2020년 11월 5일
1판 1쇄 발행 2020년 11월 10일

지 은 이 이재혁
발 행 인 이미옥
발 행 처 아이생각
정   가 20,000원
등 록 일 2003년 3월 10일
등록번호 220-90-18139
주   소 (03979) 서울 마포구 성미산로 23길 72 (연남동)
전화번호 (02)447-3157~8
팩스번호 (02)447-3159

ISBN 978-89-97466-76-4 (13630)
I-20-06
Copyright ⓒ 2020 ithinkbook Publishing Co., Ltd

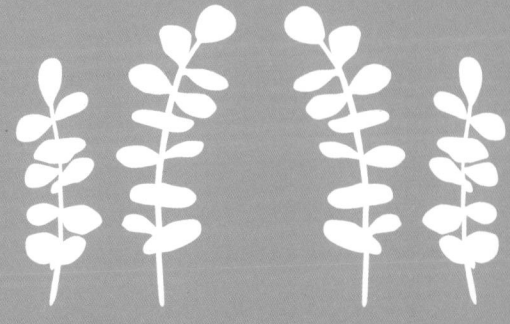